Dževad Karahasan
Die Schatten der Städte

Essays

Aus dem Bosnischen von
Katharina Wolf-Grießhaber

Insel Verlag

© der deutschen Ausgabe
Insel Verlag Berlin 2010
Alle Rechte vorbehalten, insbesondere das des öffentlichen Vortrags
sowie der Übertragung durch Rundfunk und Fernsehen, auch einzelner Teile.
Kein Teil des Werkes darf in irgendeiner Form (durch Fotografie, Mikrofilm
und andere Verfahren) ohne schriftliche Genehmigung des Verlages reproduziert
oder unter Verwendung elektronischer Systeme verarbeitet,
vervielfältigt oder verbreitet werden.
Satz & Druck: Memminger MedienCentrum AG
Printed in Germany
ISBN 978-3-458-17451-6

1 2 3 4 5 6 – 15 14 13 12 11 10

Die Schatten der Städte

I Die Schatten des Jenseitigen

Zeit und Raum

»Was ist also Zeit? Wenn mich niemand danach fragt, weiß ich es; will ich einem Fragenden es erklären, weiß ich es nicht«, schreibt Aurelius Augustinus an einer der bekanntesten und der wahrscheinlich meistzitierten Stelle seiner *Confessiones* (11, XIV). Ich glaube, viele seiner Leser konnten sich vorstellen, wie sich der Autor Augustinus fühlte, als er die zitierten Zeilen schrieb, das Gefühl wird ihnen aus eigener Erfahrung bekannt gewesen sein. Denn wer von uns weiß nicht, was Tag und Jahr, Jugend und Herbst, Morgengrauen und tiefe Mitternacht sind?! All das sind Formen der Zeit, ohne die das Alltagsleben unvorstellbar ist und die nach der Natur der Dinge jedem lebendigen Menschen bekannt sind. Aber was ist das, wovon sie die Formen sind? Was ist das, was das Jahr und den Herbst, die Jugend und die tiefe Mitternacht verbindet, d. h. das, was sich darin offenbart?

Die Leser des Augustinus, die sich das gefragt haben, kannten dieses Gefühl, aus dem die zitierten Zeilen hervorgegangen sind, sicher aus eigener Erfahrung, denn jeder von ihnen hat irgendwann begriffen, daß er in dem Moment, wo er sich fragt, was denn die Formen der Zeit, die er gut kennt, verbindet, daß er in dem Moment nicht mehr weiß, was Zeit ist. Und gefragt hat er sich das wahrscheinlich, weil auch er seinem Weltempfinden nach Platoniker ist. Augustinus war nämlich Platoniker, genaugenommen Neuplatoniker, er wußte also einen Gegenstand klar von seinen Wirkungen und seinen verschiedenen Erscheinungen, d. h. von den einzelnen Formen, in denen er sich offenbart, zu unterscheiden. Augustinus wußte zum Beispiel, was Alter ist, aber er wußte genausogut, daß Alter eine Wirkung der Zeit ist, sagen wir, die Folge ihres Vergehens, nicht aber die Zeit selbst. Genausogut mußte er wissen, daß das Jahr eine Zeiteinheit ist, also ein Modell, das die Menschen im Bestreben, die Zeit zu verstehen, sie sich vorzustellen, konstruiert haben. Indem sie Einheiten zum Messen der Zeit konstruieren, schreiben die Leute der Zeit eine Eigenschaft zu, die sie wirklich macht, nämlich die Meßbarkeit (wirklich ist, was meßbar ist, behauptete Max Planck), und was wirklich ist, können wir Menschen uns vorstellen, verstehen und erkennen oder zumindest glauben, daß wir es verstanden und erkannt haben. Das Jahr ist, sagen die Astronomen, das Intervall, in dem unser Planet die Sonne einmal umläuft. Es sind außerdem die zweiundfünfzig Blätter eines Wandkalenders, es ist das Keimen und Wachsen, dann das Blühen und Verdorren der Ringelblume im Garten, es ist die Steuerabrechnung und -erklärung, es ist ein Zyklus von Feiertagen, die in einer Gesellschaft begangen werden, es ist ein Winter- und Sommerurlaub für diejenigen, die es sich leisten können ... All das und vieles mehr ist ein Jahr als Einheit der Zeit, ein Modell, mit dem wir uns die Zeit vorstellen und einem Teil unseres Lebens, nämlich einem Jahr von uns, eine Form geben.

Aber das ist nicht die Zeit. Das ist eine Reihe von Handlungen, Formen, Prozessen und Gegenständen, strukturiert durch eine Einheit der Zeit, aber es ist nicht das, was hinter all diesen Formen, Prozessen und Gegenständen steht oder ihre Grundlage bildet, das, was alldem gemeinsam ist, das also, wovon das Jahr ein Modell ist. Aber einen Platoniker interessiert gerade die Antwort auf die Frage: Was ist das, worauf die zweiundfünfzig Blätter des Kalenders und der Rhythmus des Steuernzahlens verweisen, das, was die Ringelblume zum Blühen bringt und mir die Falten ins Gesicht zeichnet, das, was die Erde um die Sonne kreisen läßt ... Was ist das, was in gewisser Weise der Stunde und der Jugend, der staatlichen Bürokratie und der Meteorologie, der Eisenbahn und den kosmischen Prozessen, dem Rhythmus des Pflanzenlebens und den staatlichen Feiertagen gemeinsam ist – was ist Zeit?

Einer der Heiligen und Väter der katholischen Kirche, Aurelius Augustinus, war seinem Weltempfinden nach Platoniker, also Metaphysiker, deshalb fragte er, was Zeit ist, und deshalb mußte er am Ende eingestehen, daß er es nicht wisse. Einer der Heiligen und Väter der szientistischen Kirche, Isaac Newton, war nicht auf diese Weise Metaphysiker, obwohl er nicht an der Wahrhaftigkeit des Schöpfers zweifelte, er fragte deshalb nicht, was Zeit ist, und mußte am Ende nicht eingestehen, daß er es nicht wisse. In den umfangreichen Bemerkungen, die die einleitenden Erklärungen zu seinem Buch *Philosophiae naturalis principia mathematica* abschließen, sagt Newton: »Zeit, Raum, Ort und Bewegung werde ich nicht erklären, weil sie jedem bekannt sind.«

Ich glaube, daraus wird deutlich, warum man Newton zu Recht als einen der Autoren betrachtet, die das Denken der exakten Wissenschaften begründet und geprägt haben. Er fragt weder nach dem Ursprung noch nach der Natur (dem Wesen) der Zeit, er fragt nicht, woher die Zeit kommt, was sie ist, sondern er begreift die Formen, in denen sie sich offenbart, als die einzige unbezweifelbare Wirklichkeit der Zeit, und das Wissen über diese Formen ist für ihn das einzig zuverlässige Wissen, das man von der Zeit haben kann. Das wissenschaftlich exakte Denken (oder sollte man der Präzision zuliebe von technischem Denken sprechen?) fragt nicht nach dem Sinn, Zweck und der Natur einer Sache oder eines Vorgehens (einer Absicht), es fragt nach der Realisiertheit, wenn es sich um Dinge handelt, beziehungsweise nach der Realisierbarkeit, wenn es sich um menschliche Vorgehensweisen und Absichten handelt; dieses Denken berücksichtigt nur das, was da ist, was unmittelbar gegeben ist, weil es unbestreitbar ist, und will über dieses unmittelbar Gegebene soviel sicheres Wissen wie möglich gewinnen. So berücksichtigt Newton lediglich die Formen, in denen uns die Erfahrung von Zeit und damit ein Wissen über sie im Alltagsleben zugänglich sind.

Natürlich bleiben Newtons Überlegungen zu Zeit und Raum nicht beim reinen Konstatieren und Beschreiben des unmittelbar Gegebenen stehen, er zeigt in einzelnen Äußerungen über den Raum, daß er dem klassischen metaphysischen Denken verpflichtet ist, mit dem er offensichtlich nicht brechen möchte (wovon deutlich genug seine poetische Ahnung zeugt, daß der Raum das »Sensorium Gottes« sei). Aber auch dann, wenn er die »metaphysisch inspirierten« Distinktionen einführt und erklärt, steht Newtons Denken dem technischen näher als dem klassischen metaphysischen, etwa dann, wenn er den Unterschied zwischen der empirischen und der absoluten mathematischen Zeit feststellt, die er schlicht Dauer nennt. (»Tempus absolutum verum et mathematicum in se et natura sua sine relatione ad externum quodvis aequabiliter fluit, alioque nomine dicitur duratio.«) Platon würde, nehme ich an, auf diese Äußerung mißmutig bemerken, daß Dauer ein Attribut oder eine Folge, in jedem Fall nur eine Manifestation der Zeit sei, keineswegs die Zeit selbst. Und dann würde er zur Freude aller Platoniker eine wahre metaphysische Distinktion anbieten, wie jene aus dem *Timaios*, die besagt, daß Zeit ein »bewegliches Bild der Ewigkeit« (37, d) sei, und die Diskussion damit in jene Sphäre verlagern, in der Wissen nicht sicher, sondern mehr oder weniger überzeugend, logisch begründbar und mit einem Gefühl korrespondierend, also schlechthin menschlich ist.

Der Heilige der szientistischen Kirche, Isaac Newton, behauptete also nichts Unwahres, als er schrieb, Zeit und Raum, Ort und Bewegung seien »jedem bekannt«, weil Wissen für Newton das ist, was wir über das unmittelbar Gegebene mit Sicherheit sagen können. Die beiden Heiligen, nämlich Augustinus und Newton, widersprechen einander nicht einmal, wenn sie offenkundig gegensätzliche Dinge behaupten, nämlich daß man über Zeit nichts wissen könne und daß Zeit jedem bekannt sei. Weil man wirklich nichts über das wissen kann, was Zeit für Augustinus bedeutet, während doch wohl jedem bekannt ist, was Zeit für Newton heißt. Ein kleines Problem liegt darin, daß wir, solange wir Menschen sind, zumindest Menschen, die sich an Platon erinnern und ihn lieben, dringend wenigstens ein bißchen Wissen auch darüber brauchen, was Zeit für Augustinus ist, wie wir nicht minder das sichere Wissen brauchen, dem Newton Rechnung trug.

Ich muß hoffentlich nicht eigens erwähnen, daß mir der Ehrgeiz, eine Antwort anzubieten auf irgendeine Frage, die mit Zeit, Raum und ähnlichen Dingen zu tun hat, absolut fremd ist. Diese einführenden Bemerkungen sollen zwei Dinge klarstellen: 1. Über Zeit und Raum können wir auch dann wahre Aussagen machen, wenn wir scheinbar Gegensätzliches behaupten. 2. Insofern wir überhaupt gelebt haben beziehungsweise lebendige Wesen sind, haben wir notwendigerweise ein Wissen von Zeit und Raum erlangt; d.h. wir können dieses Wissen gar nicht vermeiden; gleichzeitig ist es ausgeschlossen, daß wir uns dieses Wissens jemals sicher sein können. Die erste paradoxe Behauptung wird durch die Tatsache erklärt, daß Zeit und Raum nicht von dieser materiellen Welt sind, unsere materielle Welt aber nicht ohne sie auskommt. Zeit und Raum sind nämlich keine Eigenschaften, sondern notwendige Bedingungen der Existenz, so wie das Wasser keine Eigenschaft, sondern eine Existenzbedingung des Fisches ist – existieren heißt, in Zeit und Raum zu weilen, und als Fisch zu existieren, heißt, im Wasser zu weilen. Bedeutet das nun, daß wir Menschen außerhalb von Zeit und Raum gelangen, wenn wir sterben? Ich weiß es nicht, falls ich einmal dort gewesen sein sollte, habe ich vergessen, wie es war.

Für den Raum gilt alles, was wir schon über die Zeit gehört haben. Das, was wir als Raum wahrnehmen, sind lediglich seine Einheiten, Eigenschaften oder Manifestationen, aber nicht der Raum selbst. Mein Zimmer und der Rote Platz in Moskau, eine Tischplatte und die unermeßlichen Tiefen des Meeres, das Fach in der Tasche eines Schaffners und die kalte, dunkle Unendlichkeit, von der unser Planet umgeben ist und die seinerzeit Blaise Pascal auf den Gedanken brachte, er sei ein Schilfrohr, aber (o weh!) ein denkendes Schilfrohr – all das sind nur verschiedene Formen, in denen sich Raum manifestiert. Einige dieser Formen haben wir Menschen konstruiert, in dem Bestreben, den Raum dadurch zu konkretisieren, ihn uns besser vorstellen zu können und vielleicht etwas von ihm zu verstehen (Zimmer, Fach, Tischplatte, Platz), andere sind nicht eigentlich Formen, sondern eher *apeiron*, Ungeformtes, Grenzenloses, das uns hilft, uns vorzustellen, wie der Raum vielleicht sein könnte (der interplanetare Raum, die

Meerestiefen). Auf jeden Fall sind all die Dinge, die uns ermöglichen, über den Raum nachzudenken und von ihm zu sprechen, nur Instrumente, die wir konstruiert haben – Maßeinheiten (Meter, Kilometer u. ä.), Mittel zur Begrenzung und Formung einer Raumeinheit (Wände u. ä.), Gegenstände, mit denen wir eine Raumeinheit ausfüllen, Geometrie und ihre Elemente. So haben wir zum Beispiel die Lehre von der Geraden, der Ebene und dem Raum (eine, zwei und drei Dimensionen) konstruiert, um mit den Elementen, die diese Lehre definiert, die Raumeinheiten in der realen Welt irgendwie zu klassifizieren und zu ordnen. So sind für uns der Rote Platz und eine Tischplatte Ebenen (zwei Dimensionen); gerade Linien, die die Spuren des Verkehrs auf der Straße trennen, sind für uns Geraden (eine Dimension), und ein Zimmer und das Universum sind für uns Raum, weil sie dreidimensional sind. Dabei wissen wir gut, daß die Elemente der realen Welt viel komplizierter sind als die geometrischen Formen, und wir erleben sie in ihrer Kompliziertheit, aber wir denken über sie in geometrischen Formen, die die einzigen Instrumente sind, mit deren Hilfe wir den Raum denken können, ihn (nicht die Welt der materiellen Dinge, sondern den Raum) können wir uns ohnehin nur vorstellen, wir können ihn imaginieren, ihn uns im Geist vergegenwärtigen. Ein Mensch, der eine Schneeflocke aufmerksam betrachtet und zugeschaut hat, wie sie sich im Schneetreiben bewegt, weiß ganz genau, daß der Raum in der wirklichen Welt viel mehr als drei Dimensionen hat (das weiß auch, wer einen Schmetterling dabei beobachtet hat, wie er sich bemüht, eine Lampe oder ihr Licht zu verführen), aber auch dieser Mensch denkt, nachdem er Millionen Flocken, Schneegestöber und Schmetterlinge gesehen hat, in drei Dimensionen über den Raum.

Für Menschen mit einem metaphysischen Weltempfinden sind Raum und Zeit immer vor oder nach der materiellen Existenz, und wir können sie, solange wir Menschen sind, nur auf der Basis ihrer Manifestationen, ihrer Reflexe in dieser Welt erahnen; für Menschen mit einem eher technischen Weltempfinden sind Raum und Zeit das, wovor wir nicht fliehen können, solange wir existieren, denn wir existieren notwendig in ihnen, so daß wir über sie wissen, was man über sie wissen kann, ob wir wollen oder nicht. Gehen sie der Existenz wirklich voraus und bleiben sie »über« oder »hinter« ihr, sich in der Welt der materiellen Existenz nur widerspiegelnd, so wie es, nach Platon, die Ewigkeit tut, die in unserer irdischen Zeit abgebildet ist? Das können wir nicht wissen und nicht überprüfen, deshalb müssen wir uns auch mit der Tatsache abfinden, daß wir darüber vielleicht auch dann die Wahrheit sagen, wenn wir widersprüchliche Dinge behaupten. Und deshalb müssen wir uns Kants Gedanken aus der *Kritik der reinen Vernunft* zu eigen machen, wonach Zeit und Raum apriorische, angeborene Formen der Wahrnehmung sind, also notwendige Bedingungen eines beliebigen Weltbilds. Zeit und Raum, d.h. die Fähigkeit, sie zu empfinden und/oder zu imaginieren, gehen im menschlichen Geist jeder Erfahrung voraus, sie sind uns angeboren, ermöglichen uns, die Welt überhaupt zu erfahren.

Es ist ziemlich wenig, was wir relativ sicher über Zeit und Raum wissen können. Zum einen das, worauf uns Newton und Kant hingewiesen haben, daß sie nämlich »jedem bekannt« sind und wir ohne sie die Welt nicht wahrnehmen können. Ferner das, worauf uns die Eleaten hingewiesen haben – daß wir Raum und Zeit nicht getrennt voneinander denken (imaginieren) können, d.h. daß wir die Dinge ohne gleichzeitige Präsenz von Raum und Zeit nicht richtig denken können. Parmenides hat das Entstehen und die Veränderung bestritten, weil er die Zeit vernachlässigt (übersehen?) hat, beziehungsweise die Tatsache, daß sich die Elemente seines ausgefüllten Raums auch in der Zeit befinden, von ihr abhängen, in ihr entstehen und vergehen. Und sein Schüler Zenon von Elea entwickelte in dem Bemühen, die Wahrhaftigkeit der Behauptungen seines Lehrers zu beweisen, unlösbare logische Paradoxa, Aporien, in denen er die Zeit auf den Raum zurückführt und sie einander gleichsetzt. Sowohl das eine wie das andere, sowohl Raum als auch Zeit, sind nach Zenon unendlich teilbar, und diese unendliche Teilbarkeit macht Bewegung logisch unmöglich. In der Aporie vom stehenden Pfeil behauptet er, man könne mit einem Pfeil nicht töten, weil er nie an das Ziel gelange, auf das er gerichtet sei. Im Augenblick A hat sich der Pfeil von der Sehne gelöst, und im Moment K soll er das Ziel treffen; aber davor muß er, in Bewegung, den Augenblick B abwarten, den er nicht abwarten kann, weil der nicht kommen kann, bevor Augenblick A vergangen ist, der nicht vergehen kann, bevor sein tausendster Teil, dann sein zweitausendster Teil, dann sein dreitausendster Teil, dann sein viertausendster ... vergangen ist. So wie in der Aporie von Achilles und der Schildkröte (Achilles kann die Schildkröte nicht überholen, wenn diese beim Start auch nur einen minimalen Vorsprung hat) der Beweis für die Unmöglichkeit der Bewegung die unendliche Teilbarkeit des Raums war, ist in der Pfeil-Aporie der Beweis für die Unmöglichkeit der Bewegung die unendliche Teilbarkeit der Zeit.

Die Bewegung, die die Eleaten anscheinend nicht mochten, ist das, was Raum und Zeit verbindet und ihre Unterscheidung unumgänglich macht (was Zenon absichtlich vernachlässigt hat). Nämlich nur durch die Bewegung messen wir den Raum und erleben wir die Zeit. Die Einheiten der kosmischen (kalendarischen) Zeit werden von der Bewegung der Himmelskörper bestimmt, so daß das Jahr das Intervall ist, das notwendig ist, damit die Erde die Sonne umläuft, und der Tag das Intervall, das notwendig ist, damit sich die Erde um ihre Achse dreht. Die kleineren Zeiteinheiten, wie die Stunde, werden von der Bewegung des Schattens (bei der Sonnenuhr) beziehungsweise der Zeiger (bei mechanischen Uhren) bestimmt, wie die Einheiten der pflanzlichen (biologischen?) Zeit, also Frühling, Sommer, Herbst und Winter, durch die Veränderung (die Bewegung!) in der Pflanzen- und Tierwelt bestimmt werden. Alle Einheiten zum Messen der Zeit sind aus der Bewegung abgeleitet und auf sie gegründet. Das ließe sich über die Einheiten zum Messen des Raums nicht ohne Vorbehalt sagen, weil wir den Raum, wie gesagt, hauptsächlich in geometrischen Elementen denken. Aber die Einheiten zum Messen des Raums sind ohnehin nicht Raum im wirklichen Sinn; ein Metermaß, mit dem wir einen Teppich ausmessen, ist ein Gegenstand, wie auch ein Meter Teppich ein Gegenstand ist; um einen Meter oder drei Meter Teppich zu erleben (nicht nur zu denken, sondern wirklich, sinnlich zu imaginieren), müssen wir diese Maße in zwei große oder drei kleine Schritte übersetzen. Davon zeugen auch die alten Raummaße, bei denen von einem Morgen Land die Rede ist, von einer Entfernung, die zwei Gehtage beträgt oder eine Zigarettenlänge, von Äckern, die drei Pflügtage groß sein konnten. (Hier muß man sich an Lessing erinnern, den nie hoch genug geschätzten Lessing, und an seinen Essay *Laokoon*, in dem der Autor die Bewegung als Grundelement der Theaterkunst vorschlägt, weil die Bewegung Zeit und Raum in sich vereint.)

Alle Formen von Zeit und Raum, denen wir im Leben begegnen, sind gleichzeitig objektiv und subjektiv. Eine Gesellschaft muß relativ präzise definierte Zeiteinheiten haben, um als Gesellschaft überhaupt zu funktionieren und zu existieren, gerade die objektiven Strukturen der Zeit formen das Leben einer sozialen Einheit und stellen dadurch die Gemeinschaft her (zum Beispiel die Termine der Feiertage und der gemeinsamen Gebete: was einen Menschen zum Franzosen macht, ist etwa die besondere Bedeutung, die der 14. Juli für ihn hat; jemand ist Christ auch dadurch, daß er sonntags die Messe besucht, und Mitglied einer Gemeinde, einer Gemeinschaft christlicher Gläubiger, dadurch, daß er die Messe gerade in der Kirche besucht, in der sich die Gläubigen seiner Gemeinde versammeln). Die objektiven Strukturen von Zeit und Raum sind immer ein Ausdruck der Kultur und werden im Zusammenwirken mit der Gesellschaft erzeugt – die Gemeinschaft formt die Strukturen von Zeit und Raum, durch die sie sich als Gemeinschaft konstituiert. Diese Strukturen hängen natürlich von unzähligen Faktoren ab, angefangen bei der Religion und beim Klima (die Form des Tages im Süden unterscheidet sich von der Form des Tages im Norden, auch wenn es sich beispielsweise um zwei katholische Gesellschaften handelt) bis hin zum historischen Gedächtnis und zur Wirtschaft einer Gemeinschaft. Die nördlichen Städte zum Beispiel, wie europäisch sie auch immer sind, gestalten ihre Plätze anders als die mediterranen Städte, weil man auf ihren Plätzen aus klimatischen Gründen nicht so lang, intensiv und bunt leben, kommunizieren und verweilen kann wie auf den Plätzen mediterraner Städte. Dabei läßt jede dieser objektiven Strukturen breiten Raum für ihr völlig individuelles Erleben und die Artikulierung der Unterschiede zwischen den einzelnen individuellen Erlebnissen. Sein Zimmer gestaltet im übrigen jeder von uns nach seinem Geschmack und im Einklang mit seinem Wesen; zwar noch immer in enger Korrespondenz mit der Kultur, der er angehört, aber dennoch ganz individuell und im Einklang mit seinem persönlichen Empfinden von sich und der Welt.

Ich fürchte, das ist in etwa alles, was wir über Zeit und Raum sagen können, ohne übertriebene Willkür und damit verbundene Irrtümer fürchten zu müssen. Fassen wir zusammen: Zeit und Raum sind uns allen bekannt, weil sie jedem Denken und jeder Erfahrung vorausgehen, als apriorische Formen der Rezeption der Welt; wenn wir irgendein Ding der materiellen Welt verstehen wollen, müssen wir sowohl die Zeit als auch den Raum berücksichtigen, in denen es sich befindet, d. h. die unverbrüchliche Verbundenheit des einen und des anderen – die Vernachlässigung des einen oder anderen ist entweder ein Irrtum (wie bei Parmenides) oder Koketterie (wie bei Borges, der in einem Essay die Überzeugung vorträgt, eine Wirklichkeit ohne Raum sei noch vorstellbar, aber ohne Zeit beziehungsweise außerhalb der Zeit nie und nimmer); Zeit und Raum können nicht aufeinander zurückgeführt werden, noch kann man die Unterschiede zwischen ihnen vernachlässigen; sie werden durch die Bewegung, in der sie sich begegnen, gemessen und erlebt; einzelne Kulturgemeinschaften erzeugen ihnen immanente Strukturen von Zeit und Raum und konstituieren sich gerade dadurch als Gemeinschaften, daß sie das ihnen immanente Erleben von Zeit und Raum gestalten und ausdrücken, wobei jedes einzelne Mitglied einer beliebigen Gesellschaft Zeit und Raum in den

Formen erlebt, die eine Verbindung zwischen seinem individuellen Wesen und den in der Gemeinschaft, in der es lebt, angeeigneten objektiven Strukturen bilden.

Zeit, Raum und Literatur

Aber weshalb ist es überhaupt notwendig, im Rahmen einer Betrachtung über Literatur über Zeit und Raum zu reden? Die Antwort auf diese Frage sollte durch die eben aufgezählten Fakten, die wir als sicher betrachten können, klar geworden sein. Zeit und Raum sind eine Bedingung unserer Erfahrung, sie gehen jedem Denken und Fühlen voraus, sie sind ein unveräußerlicher Teil des menschlichen Wesens. Solange er denkt und fühlt, denkt und fühlt der Mensch im Einklang mit seinem Erleben von Zeit und Raum. Insofern wäre es logisch anzunehmen, daß ein bestimmtes Erleben von Zeit und Raum in gleichem Maße primäres Material der Literatur beziehungsweise der Literatur in gleichem Maße immanent sein muß wie die Sprache, ohne die Literatur undenkbar ist. Die Strukturen, in denen eine Gemeinschaft ihre Erfahrung von Zeit und Raum macht und ausdrückt, sind objektiv und zugleich offen für äußerste Subjektivität: wir eignen sie uns bewußt an, aber auch unbewußt, mit unserem vegetativen Sein, unserem Körper, und dasselbe gilt für die Sprache. Mein Sprachverhalten wird nicht nur durch die immanente Grammatik der Sprache bestimmt, sondern auch durch meine Individualität. Mein Gebrauch, mein Gefühl, mein Verständnis der Sprache wird natürlich vom Bewußtsein bestimmt, mit dem ich mir die Regeln der Grammatik, der Rechtschreibung, der Grenze zwischen anständigen und unanständigen

Wörtern sowie alle übrigen Regeln angeeignet habe, aber ebensosehr und sogar noch mehr von meinen Emotionen, Ahnungen, Träumen, meinem Körper ... Jeder von uns hat einen für ihn charakteristischen Rhythmus des Sprechens und Formulierens, und in diesem Rhythmus, wie in jedem anderen Rhythmus auch, drückt sich unsere Emotionalität, unser Unterbewußtsein, unser Körperempfinden aus. Die Sprache eignen wir uns auch mit dem Körper an, wie wir mit der Sprache auch dem Körper einen Ausdruck verleihen. Nicht nur, daß die Klangfarbe der Stimme, die Intonation, das Sprechtempo und Ähnliches, die gesprochene Äußerung einen Menschen absolut einmalig machen wie der Fingerabdruck, sondern man begreift die Bedeutung einzelner Wörter, den Sinn einer ganzen Äußerung oft erst dann, wenn man sie ausgesprochen hört. Aber immer gibt es noch etwas, das ich vielleicht zu erzählen wüßte, aber nicht diskursiv zur Sprache bringen kann, Sprache und Körper sind auf einer tieferen Ebene miteinander verbunden und drücken sich gegenseitig auf eine viel feinere Art aus als alles, was dem diskursiven Text, der rationalen Rede erreichbar ist. Ich weiß, daß, sagen wir, eine schriftliche Unterweisung in mystischen Techniken unvorstellbar ist. Viele große Sufis schreckten vor dem Schreiben zurück, weil sie meinten, man könne und dürfe die Sprache nicht vom Körper trennen, wenn sie das ausdrücken soll, was über den bloßen Informationsaustausch hinausgeht; aber auch diejenigen, die schrieben, haben verstanden, daß die Arbeit mit Schülern unauflöslich mit der unmittelbaren körperlichen Gegenwart beider Gesprächspartner verbunden ist. Hier geht es nicht nur darum, daß die Schüler des Sufismus von ihren Lehrern auch Kenntnisse über Techniken erhielten, mit denen man sich in eine mystische Ekstase versetzt und dann aus dem Zustand der Ekstase in das normale Leben zurückkehrt (diese Techniken sind in der Regel mit Musik, Körperarbeit, einer bestimmten Atemtechnik u. ä. verbunden), sondern es geht auch darum, daß das gesprochene Wort etwas über den Körperzustand sagt, über etwas, das dem Sprecher nicht bewußt ist, über den Zustand und die Struktur des emotiven Wesens sagt es Dinge, die der Sprecher gar nicht ahnt, über seine geistigen Mängel und Bedürfnisse sagt es Dinge, die er sogar vor sich selbst gern verheimlichen würde und vor anderen erst recht. Eine psychoanalytische Sitzung ohne körperliche Präsenz beider Teilnehmer, zum Beispiel per Internet oder SMS-Botschaften, wäre undenkbar, obwohl sich die Psychoanalyse, wie ihr Name schon sagt, nur jenen Sphären des menschlichen Wesens und der menschlichen Erfahrung zuwendet, die sich ins Bewußtsein rufen lassen, weil sie der Oberfläche ganz nahe sind.

Ähnlich verhält es sich mit dem Erleben von Zeit und Raum. Auf der einen Seite eignen wir sie uns in den Formen an, die uns die Gemeinschaften, in denen wir leben, angeboten, um nicht zu sagen, aufgedrängt haben, auf der anderen Seite empfinden und erleben wir sie notwendigerweise äußerst individuell, persönlich, durch unser emotives, unbewußtes und körperliches Wesen, unsere im Gedächtnis gespeicherten und vergessenen Erfahrungen, unsere physischen und metaphysischen Ängste. All unsere Gedanken und Emotionen, Ahnungen und Erfahrungen, Erinnerungen und Wünsche, Träume und Ängste, all das schlägt sich in einem Bild beziehungsweise einem Erleben von Zeit und Raum nieder, das wahrscheinlich älter ist als unser Ich. Das bedeutet, daß auch unser Ich mit dem uns angeborenen Bild von Zeit und Raum korrespondiert, d. h., daß dieses Bild über uns auch das aussagt, was wir selbst nicht wissen, auch jene Inhalte unseres Geistes ausdrückt, die wir gar nicht ahnen.

Indem wir unser Erleben von Zeit und Raum, in welcher Form auch immer, ausdrücken, legen wir dar, was wir gelernt, uns durch Erfahrungen und Bewußtsein angeeignet haben, wir verraten zum Beispiel den Einfluß der Kultur, in der wir aufgewachsen sind, aber gleichzeitig drücken wir unser existentielles Gefühl, unsere ursprüngliche Erfahrung der Welt, jene Inhalte unseres Wesens aus, die unserem direkten Zugriff entzogen sind. Deshalb spiegelt die Struktur von Zeit und Raum in einem literarischen Werk zuverlässig das kulturelle Ambiente wider, in dem das Werk entstanden ist, die Epoche und den Geisteszustand, das Erleben der Welt und die Position des Menschen in der Welt, wie sie die betreffende Kultur gesehen hat, und gleichzeitig spiegelt es, geradeso genau und zuverlässig, das Tiefste und Persönlichste des Autors selbst wider, sagt es über ihn und sein Empfinden von sich und der Welt viel mehr, als ihm selbst lieb ist. Die Struktur von Zeit und Raum ist in einem literarischen Werk fast nie Teil des Autorenkonzepts, weil wir sie unbewußt erleben und uns aneignen, so wie wir unseren Körper und unsere Position in der Welt erleben.

Deshalb kann die Erforschung der zeitlich-räumlichen Struktur in einem literarischen Werk ausgesprochen fruchtbar sein. Sie ließe sich zweifellos mit der Erforschung der Sprache und der Beziehung zur Sprache, die sich in einem Werk manifestiert, vergleichen, was, hoffe ich, durch die obigen Ausführungen etwas klarer geworden ist. Wie die Sprache sagt auch unser Erleben der Zeit etwas über das aus, was wir gelernt haben und was wir uns unbewußt angeeignet haben, was Begegnungen mit der Außenwelt in uns eingepflanzt haben und was wir mitgebracht haben, als wir auf die Welt gekommen sind, was wir über uns wissen und was wir nicht wissen, was wir zeigen möchten und was wir gern verbergen würden.

Die Verbundenheit von Zeit und Raum
Der Begriff des Chronotopos

Reden ist ein Prozeß, der sich wie jeder Prozeß in der Zeit abspielt und einen Raum voraussetzt, weil sich die Rede immer auf einen anderen bezieht, der sich da oder dort, auf jeden Fall außerhalb des Sprechers befindet. Im Prozeß des Redens folgt eine Stimme auf die andere, ein Wort auf das andere, die Stimme auf das Schweigen beziehungsweise ein neues Wort auf eine Pause, die die Grenze zwischen zwei Wörtern herstellt und markiert, so daß die Rede ein Segment der Zeit formt und das sinnliche Erleben ihres Vergehens ermöglicht. Könnte man sagen, daß die Rede einen Teil der Sprache, d. h. eine ihrer Möglichkeiten in die Zeit einführt, indem sie sie materiell in der Zeit verwirklicht? Die Sprache scheint nämlich irgendwo über, vor, auf jeden Fall außerhalb der Zeit angesiedelt zu sein, weil in ihr in jedem Augenblick alle Äußerungen aller Sprecher, in allen Formen und allen denkbaren Situationen aller Menschen, die irgendwann und irgendwie diese Sprache gesprochen haben, potentiell gegenwärtig sind. In jeder lebendigen Sprache ist alles, was im 12. Jahrhundert ausgesprochen oder aufgeschrieben wurde, alles, was in dreihundert Jahren ausgesprochen oder aufgeschrieben werden wird, und alles, was ausgesprochen, aufgeschrieben wurde oder zwischen zwei Zeitpunkten hätte ausgesprochen oder aufgeschrieben werden können, als Möglichkeit gegenwärtig. (Dies stellt natürlich nicht die Tatsache in Frage, daß sich die Sprache ändert, d. h., daß sich die Standards der Sprache im Laufe der Zeit ändern; aber man darf nicht vergessen, daß jede »natürliche Sprache« ein Gedächtnis hat, daß in jedem Wort all seine vorhergehenden Formen gegenwärtig sind und daß alle Veränderungen, die sich im Laufe der Zeit ereignet haben, in der immanenten Grammatik jeder Sprache vermerkt sind.) Insofern könnte man, scheint es, zu Recht sagen, daß die Rede ein bewegliches Bild der Sprache sei, so wie die Zeit für Platon ein bewegliches Bild der Ewigkeit ist.

Vielleicht haben deshalb die monotheistischen, auf Abraham zurückgehenden Religionen die Übersetzung der Sprache in (die konkrete) Rede (eine Verbindung von Zeit und Raum) als Anfang, als Akt der Erschaffung der Welt gesetzt und so der Rede, die ein bewegliches, zeitliches Bild der Sprache ist, die Bedeutung zugeschrieben, die für unsere Zeitgenossen der Urknall besitzt. Für sie wurde die Welt erschaffen, als der Schöpfer sein »es werde« aussprach, für uns beginnt sie mit der Explosion unendlich dichter Teilchen der Urmaterie. In beiden Fällen haben wir die gleiche dramatische Situation: der Anfang von allem, der Akt, durch den alles entstanden ist, verbindet Zeit und Raum, setzt die Zeit in Bewegung, indem er sie mit dem Raum verbindet und so die Existenz begründet. Es gab freilich auch Lehrer, die glaubten, die Welt sei ewig, also nicht erschaffen und nicht im Augenblick einer alles gebärenden Explosion entstanden, sondern seit jeher da. Unter ihnen gibt es Autoren, die wir schlicht nicht vernachlässigen können, und wir können nicht so tun, als ob es sie nicht gegeben hätte beziehungsweise als hätten sie das nicht gelehrt, nur weil wir nicht wissen, was wir mit ihrer Lehre anfangen sollen, wie etwa Ibn Sina und Spinoza. Wie verhält es sich mit der Zeit und mit der Verbindung von Zeit und Raum, wenn sie recht haben? Wenn die Welt seit jeher besteht, ist wahrscheinlich auch der Raum ewig und seit jeher da. Aber in diesem Fall ist Zeit tatsächlich Ewigkeit, kann also nicht »fließen«, »verrinnen«, »vergehen«. Doch sie fließt, sie hat mit Sicherheit zu fließen begonnen, als Leben auf der Welt aufkam, weil andernfalls auch das Leben nicht fließen und verrinnen würde. Haben die großen Lehrer ernsthaft geglaubt, es gebe keinen Tod, weil die Zeit nicht fließt?

Ich weiß es nicht, ich kann es nicht wissen. Ich weiß nur, daß beide Probleme hatten, sowohl mit offiziellen als auch mit selbsternannten Glaubenshütern, und ich weiß, daß es mir nicht gelungen ist zu begreifen, warum. Wenn sie auch behauptet haben, daß das Leben nicht vergehe, haben sie dennoch nicht behauptet, daß die Lebewesen nicht vergingen. Vielleicht ist das Leben ewig wie die Welt, aber mit Sicherheit ist das Bewußtsein vergänglich, in dem dieses Leben reflektiert wird. Will sagen, daß vielleicht nicht Wir fließen und vergehen, sondern nur Ich, daß das Leben in seiner Ewigkeit unbeweglich bleibt, gestorben aber, mit der Zeit verronnen ist das individuelle Bewußtsein, das dieses Leben rezipiert hat. Haben die Lehrer so gedacht? Wahrscheinlich nicht, aber es ist sicher, daß dies ihrer Lehre nicht widerspricht. Das Leben und die Welt verharren ruhig in ihrer unbeweglichen Ewigkeit, aber irgendwo fließt an ihnen die Zeit als ihr bewegliches Bild vorbei und nimmt mein Ich mit. (Hat Kant deshalb das Nachdenken über Zeit und Raum aus der Außenwelt in den Menschen hineinprojiziert, als er Zeit und Raum als apriorische Formen der Wahrnehmung definierte?) Und dieses Ich, das einzige, das ich kennen kann, diese minimale Gewißheit, ging in die Welt (in den Raum) ein, als seine Zeit, nachdem sie sich mit dem Raum verbunden hatte, verrann. Das bedeutet, daß in jeder möglichen menschlichen Realität, in der imaginären und materiellen, subjektiven und objektiven, in jeder Realität also, die sich der Mensch vorstellen, die er erfahren oder irgendwie rezipieren kann, die unverbrüchliche Verbundenheit von Zeit und Raum zweifelsfrei gegeben ist.

Es ist klar, daß ein Verständnis von einem Redeakt oder einer beliebigen Form der Rede, das diese Verbundenheit von Zeit und Raum vernachlässigen würde, nicht vollständig sein kann. So müßte auch jedes Nachdenken über Literatur, die ja vor allem eine spezifische Form der Rede ist, dieser Verbundenheit Rechnung tragen. Soweit mir bekannt ist, war der erste Autor, der explizit darauf hingewiesen und einige literarische Werke im Hinblick auf die Art, wie darin Zeit und Raum dargestellt werden, interpretiert hat, Michail Bachtin, der in seinem 1937/38 entstandenen Essay *Formen der Zeit und des Chronotopos im Roman. Untersuchungen zur historischen Poetik* vorschlug, die Poetik solle mit dem Begriff des Chronotopos operieren, der die Verbundenheit von Zeit und Raum in der literarischen Rede betont.[1] (Bachtin erwähnt, daß das griechische Wort »Chronotopos« in der Übersetzung »Zeitort« oder »Zeitraum« heißt; die deutsche Übersetzung, die wir zitieren, hat sich für »Raumzeit« entschieden.)

»In der Literatur ist der Chronotopos für das *Genre* von grundlegender Bedeutung. Man kann geradezu sagen, daß das Genre mit seinen Varianten vornehmlich vom Chrono-

---

[1] Der Text wurde erstmals im Buch *Voprosy literatury i estetiki* [Fragen der Literatur und der Ästhetik], Moskau 1975 veröffentlicht.

topos determiniert wird«,[2] sagt Bachtin in seinen einleitenden Ausführungen und zeigt es dann anhand einiger Romane, angefangen beim griechischen Roman *Leukippe und Kleitophon* des Achilleus Tatios über Apuleius' *Goldenen Esel* bis hin zu Rabelais (*Gargantua und Pantagruel*). Ich hatte die Gelegenheit, mich selbst von der Nützlichkeit der Chronotopostheorie Bachtins zu überzeugen. Jahrelang habe ich im Dramaturgieseminar die offensichtliche Abhängigkeit des dramatischen Genres von der Art, wie Zeit und Raum im Drama dargestellt sind, überprüft. Dabei hatte ich Gelegenheit, mich von einer weiteren Sache zu überzeugen, nämlich davon, daß der Chronotopos beziehungsweise die Struktur der Raumzeit präziser als alles andere das grundlegende existentielle Empfinden des Dramas und wahrscheinlich das seines Autors ausdrückt. So wie der Mensch die Raumzeit empfindet und erlebt, empfindet und erlebt er die Welt, die Gesellschaft, die Existenz und sich selbst. Das Bild der Raumzeit ist nicht nur ein präziser Ausdruck des Weltempfindens in einer Kultur, also ein Ausdruck des gesellschaftlichen kollektiven Erlebens der Existenz, die sich im literarischen Genre immer als Selbstreflexion einer Epoche oder einer Kultur äußert; das Bild der Raumzeit vermittelt gleichzeitig äußerst präzise das individuelle Welt- und Existenzempfinden des Menschen, der dieses Bild formuliert hat. Das bezeugt unter anderem auch die Tatsache, daß einzelnen literarischen Werken, die Ausdruck einer Epoche sind, weil sie fast gleichzeitig entstanden sind, ganz verschiedene, fast unvergleichliche Chronotopos-Typen zugrunde liegen. Und umgekehrt gibt es viele Beispiele, daß Werke, die in verschiedenen Epochen ent-

---

[2] Michail M. Bachtin, *Chronotopos*. Aus dem Russischen von Michael Dewey, Frankfurt am Main 2008, S. 8.

standen sind, die Raumzeit fast identisch, auf jeden Fall sehr ähnlich strukturieren, weil sie ein ähnliches grundlegendes Empfinden der Existenz artikulieren.

Dabei drückt das Bild der Raumzeit das Empfinden des Menschen von sich selbst, von der Welt und der Existenz zuverlässiger aus als alles andere, weil der Mensch sein Erleben von Zeit und Raum nicht erlernt hat, er hat es im Laufe des Lebens lediglich artikuliert, der Gesellschaft, in der er lebt, gewissermaßen angepaßt, erlernt hat er die Instrumente, mit denen er es ausdrückt; aber das Erleben selbst, sein Empfinden der Raumzeit liegt tiefer in ihm als alles, was man erlernen und wissen kann, und deshalb kann er sein Erleben der Raumzeit nicht nach Wunsch oder auf Bestellung falsifizieren, ändern, formen, genausowenig wie seinen Fingerabdruck. Deshalb habe ich die Raumzeit oben mit der Sprache verglichen, ich glaube, auch die Sprache kann die unauflösliche Verbundenheit von individueller und sozialer Dimension des menschlichen Wesens, von Gelerntem und Angeborenem, Rationalem und Pathetischem so präzise zeigen; aber nur die Sprache, nichts sonst von alldem, was uns gegeben ist und was wir selbst erworben haben. Und deshalb kann ich seit meiner ersten Begegnung mit Bachtins Essay keine gute Literatur lesen, ohne mich zu bemühen, die Strukturen des Chronotopos, die in dem jeweiligen Werk verwirklicht sind, herauszulesen oder zumindest zu erahnen, wie sein Autor den eigenen Körper empfunden, wie er seine Existenz ertragen, wie er die Welt um sich herum gesehen und erlebt hat. Die folgenden Zeilen sind ein Versuch, meine Erfahrungen mit einem solchen Lesen zu systematisieren.

Der mechanische Chronotopos

In der antiken Erzählprosa, die erst in der Zeit des Hellenismus mit dem sogenannten griechischen Liebesroman aufkommt, ist ein Chronotopos entwickelt, den ich am liebsten mechanisch nennen möchte. Zeit und Raum werden in dieser Prosa gerade so erlebt, wie die Mechanik sie bestimmt – als kontinuierliche Phänomene, deren wichtigste Eigenschaften Meßbarkeit und Souveränität in bezug auf die Menschen und alle Erscheinungen dieser Welt sind. Zeit und Raum lassen sich nicht beeinflussen, lassen sich nicht verdichten oder verdünnen, beschleunigen oder verlangsamen, sie dehnen sich gleichgültig und kontinuierlich bis in die Unendlichkeit um uns aus und determinieren das menschliche Schicksal fast nebenbei, uninteressiert, ohne Grund und Zweck. Der Mensch nimmt sie wahr, weil er sie mißt und damit in Einheiten einteilt, die dank der Messung und Markierung, d. h. der Begrenzung einzelner Einheiten, materielle Konkretheit erlangen. Genau so, in dieser ganz buchstäblichen materiellen Konkretheit, wirken Zeit und Raum am Aufbau des literarischen Werkes mit, spielen sie bei seiner Gestaltung und bei den Schicksalen seiner Helden, bei der Gestaltung des Sujets und der Motivierung einzelner seiner Segmente eine Rolle.

Im griechischen Roman suchen sich in der Regel zwei Verliebte, nachdem sie durch die Laune des Schicksals oder des Zufalls am Tag ihrer Verlobung, vor der Hochzeit oder unmittelbar danach getrennt worden sind. Diese Suche dauert jahrelang, und deshalb muß sie, um als Grundlage für den Aufbau des literarischen Sujets dienen zu können, so spannend wie möglich gestaltet sein. Eine der sichersten Arten, Spannung zu erzeugen, ist, wie man weiß, die Erwartung, die

Erfüllung eines Versprechens oder einer Drohung, die in greifbare Nähe gerückt wird und dann doch nicht erfolgt. Spannung steigt im Geiste des erfahrenen Romanlesers oder Filmzuschauers todsicher bei der Szene auf, in der der verliebte Mann mit verkrampftem Gesicht, mit äußerster Anstrengung und letzter Kraft die Hand der geliebten Frau hält, die an einer Felswand über dem Abgrund hängt. Die Drohung der endgültigen Trennung aufgrund ihres Todes ist da, in greifbarer Nähe, fast unvermeidlich. In der Regel wird die Drohung im letzten Moment abgewendet – entweder sie findet den rettenden Vorsprung an der Felswand, der ihr ermöglicht, zu ihrem Liebsten hinaufzusteigen, oder ein guter Mensch kommt vorbei und hilft ihnen, oder ... Ebenso zuverlässig stellt sich Spannung bei Szenen ein, die die Erfüllung eines Versprechens schließlich in greifbare Nähe rücken, zum Beispiel, daß sie sich endlich treffen. So geht er, sagen wir, unter dem Fenster des Zimmers vorbei, in dem sie eingekerkert ist, keine drei Meter trennen sie voneinander, aber gerade diese drei schicksalhaften Meter tragen den Sieg über die Liebe davon und verhindern die Begegnung. Oder jene zwanzig Minuten, wenn das Schiff mit ihm an Deck in den Hafen einfährt, von dem ein anderes Schiff, das gerade in See sticht, sie in eine neue Gefangenschaft mitnimmt. Wäre sein Schiff nur zwanzig Minuten eher gekommen, hätte er sie gesehen, und sie hätten sich getroffen oder zumindest davon überzeugt, daß sie beide am Leben sind, aber so ...

Zwei Dinge geschehen in diesen spannenden Episoden in der Regel nicht. Hauptsächlich geschieht nicht, was logisch und der Natur der Dinge nach wahrscheinlich ist, zum Beispiel daß sich die Drohung bewahrheitet und die geliebte Frau die Felswand hinabstürzt. Das würde komisch wirken, ein Sturz ist ein derart logisches Ende der ganzen Episode, daß es schlicht keinen Sinn hätte, es zu erzählen, denn er (der Sturz) würde die vorhergegangene angespannte Erwartung in nichts oder etwas mehr als nichts verwandeln. Außerdem würde ein Sturz dem menschlichen Körper eine Konkretheit verleihen, die er hauptsächlich in der Komödie hat, die er aber in solchen Genres nicht hat und nicht haben kann. Es geschieht auch nicht, daß der Held seine Liebste durch eigenes Handeln rettet, indem er sie, sagen wir, mit einer ungeahnten Kraft, die die Liebe in ihm freigesetzt hat, zu sich heraufzieht, oder daß er sie im Hafen befreit, weil er rasend wird, als er sie so gefangen sieht. Das geschieht nicht, weil eine Befreiung durch eigene Aktion eine Veränderung im Helden bedeuten würde, doch diese ist ausgeschlossen. Die Gestalten gehen mechanisch vollendet, d. h. völlig abgeschlossen, in den griechischen Roman hinein, so gehen sie auch durch alle Versuchungen und Prüfungen, denen er sie aussetzt, und so gehen sie aus ihm hinaus.

Die Helden des griechischen Romans gehen aus der Geschichte im wesentlichen so hinaus, wie sie hineingegangen sind. Während all der Abenteuer, durch die sie gegangen sind, hat sich in ihnen buchstäblich nichts verändert: Sie sind durch einen großen Teil der Welt gereist, aber sie sind wie Touristen gereist, so also, daß sie sich nichts von dem, was sie gesehen haben, mit ihrem Wesen angeeignet haben, daß kein einziger Teil der großen Welt Teil der Erfahrung geworden ist, die sie prägen und weiter durchs Leben begleiten würde; ein wichtiger Teil des griechischen Romans und einer der wesentlichen Gründe für seine damalige Popularität ist der »kulturelle Tourismus«, der sich auch darin widerspiegelt, daß die Helden durch mindestens zwei oder drei Teile der damaligen Welt (sagen wir Griechenland, Ägypten und Äthiopien) reisen, wobei sie in den betreffenden Ländern die religiösen Feste, die kulturellen Bräuche, die Städte und Sehenswürdigkeiten dieser Länder anschauen und beschreiben, aber all das sehen sie als Fremde, über diese Welt gelangen nur Informationen zu ihnen und kein wirkliches Wissen, sie eignen sich keinen einzigen Teil dieser Welt und kein einziges Ereignis, bei dem sie zugegen waren, als Erfahrung an. Am Ende des Romans stehen sie da ohne Erkenntnisse über sich oder die Welt, ohne Erfahrung, die in ihnen irgend etwas verändert hätte, ohne Gefühl oder Erinnerung, die sie, wie auch immer, kennzeichnen würden. Die einzige Veränderung in der Erfahrung oder im Wesen der Gestalt, die in dieser Prosa möglich ist, ereignet sich direkt am Anfang – wenn sich die beiden Helden zum ersten Mal sehen, was meistens auf einer Feier in ihrer Stadt geschieht. Dann gewinnen sie sich unwiederbringlich und unermeßlich lieb. Aber auch die Liebe geht von außen in sie hinein, wie vom Zufall oder vom Schicksal vorbeigebracht, so wie ein Diener ein Tablett in ein Zimmer bringt. Diese Liebe manifestiert sich so, daß beide heiraten möchten, und sie besteht darin, daß sich beide, während sie durch unvorstellbare Abenteuer gehen, die Treue halten. Will sagen: ihre Liebe besteht darin, daß etwas nicht geschieht. Am Ende stehen sie beieinander, im Glauben, zusammenzusein, und freuen sich, daß in all der Zeit nichts passiert ist.

Nicht nur die Erlebnisse, die es nicht gab, sondern auch die Zeit hinterläßt keine Spuren in den Helden des griechischen Romans: am Ende einer Reihe von Abenteuern, die jahrelang dauern und einhergehen mit klimatischen Unbilden, die ihre Haut angreifen (Meerwasser, Wind, Sonne), mit Unbequemlichkeiten, die den Körper bedrohen (lange Aufenthalte in engen und finsteren Räumen, Fesselung und Hunger), mit dramatischen Erfahrungen, die den Geist belasten (Entführung, Angst, Ungewißheit), erkennen sie sich auf den ersten Blick wieder, weil sie genau so aussehen, wie sie ausgesehen haben, als alles angefangen hat. Alles, die Zeit eingeschlossen, ist an ihnen vorbei, neben ihnen, außerhalb von ihnen vergangen. Abgeschlossen und mechanisch unversehrt kommen sie aus ihrer Notlage so heraus, wie sie hineingeraten sind.

Der mechanischen Natur der Gestalten entsprechen die mechanischen Mittel, Motivation zu erzeugen. Die Gestalten entscheiden über nichts, ihnen stößt das Leben zu, aber es stößt ihnen nicht als Schicksal zu, sondern als Kette von Zufällen (Bachtin weist darauf hin, daß die häufigsten Äußerungen der Gestalten im griechischen Roman dem Typ »der Zufall wollte ...«, »dem Zufall beliebte es, weiter sein Spiel mit mir zu treiben ...« zuzuordnen sind). Deshalb ist das vorherrschende Mittel, Motivation zu erzeugen, in der Literatur dieses Typs der Zufall, also die Abwesenheit echter Mittel zur Motivation, falls wir darin übereinstimmen, daß diese Mittel Instrumente sind, durch die in einem literarischen Werk die Logik des Geschehens als Analogon zur Logik der Existenz oder zur Logik der wirklichen Welt hergestellt wird. In diesem Fall spielen die entscheidende Rolle Zeit und Raum, d. h. ihre Einheiten, in ihrer mechanischen Buchstäblichkeit – zwei Schritte oder zehn Minuten, die die Helden trennen, Gleichzeitigkeiten, die immer unerwartet und kaum wahrscheinlich sind (dabei darf man nicht vergessen, daß Gleichzeitigkeit in Wirklichkeit heißt, daß zwei Dinge oder zwei Wesen nebeneinander, also an einem Ort sind), zum Beispiel wenn sie sich, ohne es zu wissen, nebeneinander aufhalten, nur durch eine Wand getrennt, und somit Spannung erzeugen, gegenseitiges

Verfehlen, das immer durch winzige Einheiten der Zeit und/oder des Raums verursacht wird.

Im mechanischen Erleben sind Zeit und Raum kontinuierlich, demnach natürlich »irreversibel«. Das Vergangene kehrt nie konkret, emotional, sinnlich zurück – wenn es manchmal auch als Erinnerung einer Gestalt auftaucht, ist es reine Information. Kein einziger Held wird bei seinen Abenteuern von einem Ambiente begleitet, in dem er sich einmal aufgehalten hat und das sich ihm durch seine Gerüche, die Farbe, die charakteristische Form eines Gegenstands oder Raums ins Gedächtnis eingeprägt hätte. Die Ereignisse fließen kontinuierlich, eindimensional, bewegen sich progressiv, reihen sich aneinander, so wie sich im mechanischen Erleben Zeit und Raum erstrecken, in Sekunden, die sich aneinanderreihen, in Zentimetern, die sich aneinanderreihen...

In der dramatischen Literatur kommt der mechanische Chronotopos schon früher auf, im 3. Jahrhundert v.Chr., in der sogenannten neuen attischen Komödie. Das einzige vollständig erhaltene Stück dieses Genres, *Dyskolos (Der Menschenfeind)* von Menander, ist ein gutes Beispiel. Wie im griechischen Roman liegt dem Geschehen eine Liebesgeschichte zugrunde: Der Sohn einer reichen städtischen Familie, Sostratos, hat sich in die Tochter des in Stadtnähe ansässigen Bauern Knemon verliebt; aber ihrer Ehe steht eine fast unüberwindbare Hürde im Weg – die unerträgliche Natur und Misanthropie des alten Knemon, der keine Menschen in seiner Nähe duldet und mehr als sie nur noch Gespräche mit ihnen haßt. Die Rolle, die im griechischen Roman der böse Zufall und verschiedene Piraten, Stürme und Räuber übernehmen, die der Zufall schickt, damit sie dem Liebesglück der zentralen Gestalten im Wege stehen, spielt in der Komödie von Menander die Natur der Titelgestalt, des Menschenfeinds Knemon. Der Charakter der Gestalt ist im Einklang mit der Lehre des Aristotelesschülers Theophrast im vorhinein gegeben, bestimmt durch die organischen Eigenschaften des Körpers, nämlich die Säfte, die einzelne Organe absondern, mechanisch vollendet und definitiv. Der Charakter entwickelt sich im Laufe der Dramenhandlung nicht, er entsteht und ändert sich nicht im Einklang mit der Reife, dem Geisteszustand und den Erfahrungen der Gestalt, er hätte nichts mit den Erfahrungen und dem Leben der Gestalt zu tun, wenn er nicht einer der Faktoren wäre, die seine Lebenssituation bestimmen. Dabei hat die Gestalt ihren Charakter schon vor Beginn in das Drama eingebracht, so wie ihr Charakter direkt bei der Geburt oder davor in sie eingebracht worden ist – von außen, wie etwas Vollendetes und Unabänderliches. Die übrigen Gestalten sind wie im griechischen Roman vor allem durch ihre Funktionen im Sujet bestimmt. Sie sind nicht einmal so entwickelt wie die Charaktere des Theophrast, also im wesentlichen auf eine Eigenschaft (Geiz, Prahlsucht, Mißmut) reduziert, sondern sie sind nur verliebt oder bereit, den Verliebten zu helfen oder es ihnen schwerzumachen.

Die Liebe hat den verliebten Jüngling, wie im griechischen Roman, von außen, plötzlich, »getroffen«, wie ein Steinwurf. Im Roman verlieben sie sich meist während einer religiösen Zeremonie, in der Komödie des Menander sorgt Pan für die Liebe, der die Tochter des Knemon für die Sorge und Aufmerksamkeit, die sie dem nahen Heiligtum der Nymphen erweist, belohnen will. Vom Prolog an, in dem Pan die Grundelemente der dramatischen Situation darlegt, verläuft das Geschehen geradlinig und bewegt sich progressiv auf das Ende zu, »irreversibel« wie die Zeit im mechanischen Konzept.

Die Komödie des Menander ist ein außerordentlich gutes Beispiel für die lange und zuverlässige Erinnerung der künstlerischen Form, was ihr dramatischer Raum hinreichend bestätigt. Auf der einen Seite der Bühne ist Knemons Haus, auf der anderen das Haus des Stiefsohns Gorgias, dazwischen der Eingang in das Heiligtum der Nymphen, der Hüterinnen des nahen Hains. Hier ist die Erinnerung an den dramatischen Raum der griechischen Tragödie und der alten attischen Komödie beziehungsweise an den szenischen Raum des klassischen griechischen Theaters ganz offensichtlich. Dort hatten wir, in einem Raum vereint, den Tempel und den Marktplatz: den vorderen Teil der Bühne, wo der Chor agierte und der Orchestra hieß, dominierte die Opferstätte, die den Tempel bezeichnete, und der hintere Teil der Bühne, in dem die Schauspieler agierten und der Proskenion genannt wurde, stellte den Marktplatz vor dem Herrschersitz dar. Der Theaterraum der griechischen Tragödie und der alten attischen Komödie ist semantisiert, weil der Tempel und der Marktplatz nur durch die Elemente bezeichnet sind, die auf sie verweisen, sie sind nicht realistisch »rekonstruiert« oder, Gott bewahre, buchstäblich aufgebaut. Dieser Raum ist außerdem diskontinuierlich, er hat Stellen mit einem höheren und geringeren Grad an existentieller Dichte beziehungsweise Intensität, er ist in Segmente aufgeteilt, die überwiegend sozial, und andere, die eher ontologisch bestimmt sind. Das ist nicht der gleichgültige, kontinuierliche Raum des mechanischen Chronotopos, der sich als unbegrenzte und unabschließbare Kette Desselben bis ins Unendliche erstreckt, das ist der durch die Opferstätte gekennzeichnete Raum, der die Götter evoziert und den heiligen Ort in das Drama einbringt, als Ort mit dem höchsten Wirklichkeitsgrad; das ist der

Marktplatz vor dem Herrschersitz, der ein Ort der Öffentlichkeit und der sozialen Autorität ist. Der dramatische und szenische Raum der klassischen griechischen Epoche hat verschiedene Segmente, die unterschiedliche Bedeutungen produzieren und sich ihrer Natur nach wesentlich unterscheiden, so daß dieser Raum in sich differenziert ist und durch sich selbst eine Reihe von Formen produziert.

Die Erinnerung an diesen Raum ist in der Komödie des Menander (und der späteren römischen) ganz offensichtlich – da ist der ebene Raum zwischen zwei Häusern, der ein Marktplatz sein könnte (bei Plautus ist er das in der Regel), da ist das Heiligtum der Nymphen, offensichtlich eine Reminiszenz an die Opferstätte ... Aber das ist nur die Erinnerung der Form, denn die Form bewahrt die Erinnerung noch lange nachdem die Menschen vergessen haben. Der Marktplatz, wo über Liebe gesprochen und Liebesprobleme gelöst werden, ist kein öffentlicher Raum mehr, nicht mehr der Ort, an dem das entsteht, was eine Gesellschaft zusammenhält, ein Ort, an dem man die soziale Substanz der Gesellschaft spüren und kennenlernen kann. Die Nymphen sind keine Götter und ihr Heiligtum kein Tempel; ein die Wirklichkeit erneuerndes Ritual kann aber nur in einer heiligen Stätte seine Wirkung erzielen. Zwischen dem Marktplatz, der keiner mehr ist, und dem Heiligtum, das kein Tempel ist, gibt es keinen Unterschied in der existentiellen Dichte und in der Bedeutung, die sie produzieren. Da gibt es kein soziales und heiliges Segment, die einander ergänzen und am Aufbau einer komplizierten, in sich differenzierten Welt mitwirken, da handelt es sich beim Heiligtum und beim Marktplatz um das gleiche. Und um das gleiche würde es sich handeln, wenn man die Handlung in die Häuser und die Schlafzimmer dieser Häuser verlegen würde.

Erst am Ende der Komödie von Menander wird die mechanische Determiniertheit der Hauptfigur in Frage gestellt. In seinem Schlußmonolog, der der Hochzeitsfeier und dem Ende des Stücks unmittelbar vorausgeht, »rechtfertigt« Knemon seinen misanthropischen Charakter mit dem, was er in der Welt erlebt und gesehen hat. Dieser Monolog läßt wenigstens die Überzeugung zu, daß die Hauptfigur nicht nur gemacht ist, sondern sich in gewissem Grade zumindest auch entwickelt hat (das Mechanische ist gemacht, das Organische entwickelt sich, das Mechanische ist vollständig von außen gegeben, während das Organische seine Natur zumindest einigermaßen aus sich heraus, durch seine Entwicklung, bestimmt). Es ist klar, daß dieser Versuch der Selbsterkenntnis bei dem Helden von Menander nur entfernt an die Erkenntnis und Selbsterkenntnis der Helden erinnert, auf der die griechische Tragödie basierte. Der tragische Held stand zwischen der Opferstätte und dem Portal des Herrscherhauses, zwischen dem Heiligen und dem Sozialen, zwischen der Quelle alles Existierenden (dem Heiligen) und der Grundlage der menschlichen Gesellschaft (dem Sozialen), und die Tragödie führte ihn durch ihre Handlung zur Erkenntnis des einen und des anderen beziehungsweise zur Erkenntnis ihres Wechselverhältnisses und der Rolle, die das eine und das andere in seinem Wesen und Leben spielen. Knemons Selbsterkenntnis ist ein undeutlicher Reflex jener Erkenntnis und Selbsterkenntnis, zu der die Tragödie führte, wie das Heiligtum der Nymphen und der nicht umfriedete Hof vor den beiden Nachbarhäusern einen undeutlichen Reflex des Tempels und des Marktplatzes darstellen – in beiden Fällen handelt es sich vor allem um die Erinnerung der Form an die eigenen Quellen und die eigene Entwicklung. Wie gesagt, erinnern sich künstlerische Formen auch dann, wenn die Menschen die Fähigkeit dazu verlieren.

Aber auch diese Erinnerung reicht aus, in der dramatischen Form wenigstens etwas Organisches und Lebendiges zu bewahren, zumindest die Erinnerung an den Menschen, der es, wie der Held der griechischen Tragödie und der alten attischen Komödie der Wirkung des Heiligen, Sozialen und Natürlichen ausgesetzt und zwischen Notwendigkeit und Freiheit gestellt, geschafft hat, wenigstens teilweise ein Wesen zu sein, das sich entwickelt und bildet. Das ist jene schwache Erinnerung, die in Knemons Schlußmonolog auftaucht. In der römischen Komödie, zum Beispiel bei Plautus, gibt es nicht einmal diese Erinnerung, da erinnert sich nicht einmal die Form an die Zeit, in der die Welt mehr war als die menschliche Gesellschaft und der Mensch etwas anderes als eine mechanisch determinierte und abgeschlossene Ganzheit. Die Komödien des Plautus spielen sich auf dem Marktplatz oder auf der Straße ab, vor Häusern, in denen sich die Menschen aufhalten, im öffentlichen Raum also. Dabei handelt es sich in dieser Komödie immer um Liebe, und zwar ausschließlich um körperliche – auf dem Marktplatz oder auf der Straße reden und tun seine Gestalten Dinge, die vielleicht eher in ein abgeschlossenes Ambiente, zum Beispiel das Schlafzimmer, gehören würden. Der Marktplatz und die Straße in der Komödie von Plautus erinnern nicht an die Natur und haben nichts damit zu tun, sie haben den Tempel nicht im Gedächtnis behalten und erinnern nicht daran, sie wissen nichts über die Gestalten, die sich auf ihnen aufhalten, und können sie sich nicht merken. Dieses Ambiente kann nicht zwischen dem Heiligen und Profanen, dem Offenen und Geschlossenen, dem Natürlichen und Sozialen, dem Öffentlichen und Intimen unterscheiden – es ist ein zur Differenzierung unfähiges und daran auch nicht interessiertes Ambiente. Deshalb ist die Dramengestalt, die in diesem Ambiente agiert, notwendigerweise eindimensional, reduziert auf eine »öffentliche Körperlichkeit«, mit der sie sich restlos deckt. Sie kennt das Heilige nicht und kann nicht darüber nachdenken, sie hat kein Innenleben, und deshalb unterscheidet sie nicht das Äußere vom Inneren, das Intime vom Öffentlichen, sie besitzt keine Grundlage, auf der sie eine Grenze zwischen der Außenwelt und sich selbst ziehen könnte. Deshalb ist Liebe in der Komödie des Plautus in Wirklichkeit sexuelle Neigung, sie kann nichts anderes und nicht mehr sein.

Da die Gestalten auf Sujetfunktionen reduziert sind, so daß sie nach der Natur der Dinge keinen eigenen Willen, keine Handlungs- und Entscheidungsfreiheit haben, wird das Sujet hauptsächlich von außen in Gang gesetzt, nicht durch die Entscheidung einer Gestalt, sondern durch technische Bedingungen, und die Wendungen des Sujets sind häufig durch den Raum motiviert. Dabei ist dieser Raum ganz buchstäblich zu verstehen, er ist nur das, was er ist (er bedeutet nichts anderes, auf keine Art verweist er auf etwas außerhalb von sich und assoziiert auch nichts anderes), er wirkt immer mit beim Aufbau der Verwicklung, und zwar immer gerade durch seine primären Eigenschaften. So basiert zum Beispiel die Verwicklung und insbesondere die Lösung der Komödie *Miles gloriosus (Der glorreiche Hauptmann)* auf den technischen Eigenschaften des Raums: Zwischen zwei benachbarten Häusern, in denen sich die Helden der Komödie aufhalten, gibt es keinen Verbindungsweg; in dem einen lebt der prahlerische Pyrgopolinices mit einer schönen Hetäre, die er aus Athen mitgebracht hat, im anderen lebt Pyrgopolinices'

Nachbar mit seinem Gast, dem ehemaligen Liebhaber der schönen Hetäre, der hergekommen ist, um sie zurückzuholen; die Verbindung zwischen den beiden Häusern bildet Palaestrio, ein Sklave, den Pyrgopolinices geschenkt bekommen hat und der früher bei dem unglücklichen Liebhaber gedient hat und jetzt natürlich für seinen ehemaligen Herrn arbeitet. Gerade Palaestrio sagt, daß es zwischen den beiden Häusern keine Verbindung gibt (»Du weißt ja doch, daß kein Verbindungsweg von dort herüber geht, durch keine Terrasse und durch keinen Garten ...»II,3), und baut dann darauf die Lösung auf, indem er die beiden Nachbarhäuser durch einen Durchgang verbindet, von dem Pyrgopolinices nichts weiß, er ermöglicht heimliche Treffen zwischen seinem ehemaligen Herrn und dessen Geliebter und dann auch den endgültigen Betrug, der den Prahler Pyrgopolinices »gerecht bestraft«.

Wenn ich mich recht entsinne, taucht bei Plautus nur einmal ein Raumelement auf, das, zumindest auf den ersten Blick, absticht von der mechanischen Kontinuität seiner pseudo-öffentlichen Umgebungen, die nichts anderes zuzulassen scheinen. Das ist die Opferstätte in der Komödie *Mollestaria (Die Trugbilder)*, auf die sich in der ersten Szene des fünften Aktes der Sklave Tranio setzt und sich damit vor der Auspeitschung rettet, die Theopropides für ihn vorgesehen hat. Lediglich hier hat sich der Raum aufgrund seiner Bedeutung und nicht aufgrund seiner technischen Buchstäblichkeit in die Handlung der Komödie eingemischt. Aber auch hier ist die Andersartigkeit der Opferstätte eher scheinbar als wirklich, weil diese Opferstätte nicht das Heilige in das Drama bringt, nicht den Raum kennzeichnet, der seiner Natur nach etwas völlig anderes als der umgebende Raum wäre; sie (die Opferstätte) ist schlicht ein Teil des sozialen Ambientes, in dem die Komödie spielt, und von den nämlichen Gesetzen bestimmt, die den Marktplatz, die Straße, das Haus bestimmen. Tranio setzt sich auf die Opferstätte und entgeht der Auspeitschung dank derselben Gesetze, die Auspeitschungen auf dem Marktplatz erlauben und vorschreiben, daß das in der Schenke Getrunkene bezahlt werden muß, nämlich dank der Gesetze des Staates. Die Opferstätte in Plautus' Drama schützt nicht dadurch, daß sie heilig wäre oder die Erinnerung an das Heilige bewahrte, sie schützt dadurch, daß sie restlos in die anorganische Kontinuität des durch staatliche Gesetze regulierten mechanischen Raums eingesenkt ist. Das zeigt mehr als deutlich, wie der Raum durch die mechanische Kontinuität bestimmt wird und wie unfähig er zur Differenzierung ist, d. h. wie unmöglich in dieser Komödie etwas ist, das sich nicht restlos in die Unendlichkeit desselben einfügt.

Der mechanische Chronotopos bleibt für die europäische Komödie sozusagen bis in unsere Tage charakteristisch. Die mittelalterliche Farce und die Komödienformen der Renaissance, die barocke und die bürgerliche Komödie, fast alle europäischen Komödienschreiber, mit wenigen Ausnahmen wie Kleist und Tschechow, gründen ihre Stücke auf das mechanische Erleben der Raumzeit. Das ist natürlich eng mit den Genres der europäischen Komödie verbunden und mit dem Begriff des Komischen selbst, wie er sich von der neuen attischen Komödie bis heute entwickelt hat. Die Komödie ahmt Menschen nach, die schwächer sind als wir, sagt Aristoteles in der *Poetik*, und zwar insofern schwächer, als sie weniger Kraft und Willen haben als wir, moralisch schwächer bezüglich der Standhaftigkeit ihres Charakters und schwächer bezüglich ihrer Fähigkeit, ihre Absichten und Entscheidungen in die Tat umzusetzen. Deshalb geschieht den

Helden der Komödie in der Regel das, was sie nicht möchten, deshalb tun sie meist das, was sie nicht tun wollten, oder sogar das, was sie verhindern wollten, deshalb sind sie so stark von ihren Dienern abhängig, sind sie Opfer ihrer Frauen und ihrer Charaktereigenschaften. Im Einklang damit sind sie natürlich stark an die physischen Bedingungen des Ambientes, in dem sie sich aufhalten, gebunden, so daß sie buchstäblich oder bildlich auch vom Raum abhängig sind, der sie dominiert. Und das steht wiederum in direktem Zusammenhang mit einem anderen grundlegenden Gesetz der Komödiengenres, nämlich der Aufhebung des Mitleids, die eine Außenperspektive, den Blick von außen auf die Helden und auf das, was ihnen geschieht, eine gewisse »Verdinglichung« der Gestalten impliziert. Es heißt, die Tragödie geschehe immer uns und die Komödie den anderen, gerade weil wir uns teilweise sympathetisch mit dem Helden der Tragödie identifizieren, während wir den Helden der Komödie ausschließlich von außen betrachten. Wenn auch nur für einen Augenblick Mitleid aufkäme, das empathische Bewußtsein, daß er ein Mensch ist wie wir, würden wir aufhören, ihn lächerlich zu finden. Das wiederum erlaubt nicht, daß eine Innenperspektive der Helden in die Komödie eingeführt, ihre Sicht auf die Dinge und ihr Erleben des Geschehens artikuliert wird. Deshalb ist die mechanische Darstellung der Gestalten eins der Gesetze der Komödiengenres, deshalb sind sie mechanisch vollendete, in sich geschlossene Ganzheiten, welche wiederum der mechanisch erlebten Raumzeit untergeordnet sind.

Ich denke, es war Georges Feydeau (1862-1921), der die Liebe zwischen der europäischen Komödie und dem mechanischen Chronotopos zur Vollendung, sozusagen in den Hafen einer glücklichen Ehe geführt hat, indem er die Möglichkeiten, die der mechanische Chronotopos bietet, geradezu virtuos nutzte und so auch jene, die seine Komödien nicht mögen, dazu verpflichtete, ihm eine Art Genialität zuzugestehen. Es ist dies eine Komödie, die ich gern mit alten Spiegelzimmern vergleichen würde: Die Wände eines Raums, manchmal auch die Decke, sind mit Spiegeln verkleidet, so daß der Mensch, der hineingeht, plötzlich von seinem Spiegelbild in unzähligen Exemplaren umgeben ist, so oft vervielfältigt, daß ihm von der Zahl seiner Spiegelbilder schwindlig werden muß. Der Spiegel, vor dem er steht, spiegelt nämlich ihn und das Spiegelbild seines Rückens im Spiegel, der hinter ihm ist, und in diesem Spiegel spiegeln sich sein Rücken und das Spiegelbild seiner Vorderseite aus dem Spiegel vor ihm; so verhält es sich auch mit den Spiegeln, die an der Seite sind, in denen sich teilweise, verzerrt, die Bilder seiner Vorder- und Rückseite aus den Spiegeln, die wir bereits erwähnt haben, widerspiegeln, so wie sich in diesen Spiegeln teilweise, verzerrt, die Spiegelbilder seiner Gestalt, von der Seite betrachtet, widerspiegeln. Das gleiche gilt auch für die an der Decke und auf dem Fußboden des Raums angebrachten Spiegel. Jeder Spiegel spiegelt seine aus einer Perspektive betrachtete Gestalt und die Spiegelbilder aus den anderen Spiegeln wider, so daß es beinahe unmöglich ist, die Spiegelbilder zu zählen. Ein ähnliches Spiel mit der Vervielfachung von Spiegelbildern nutzt auch die Komödie Feydeaus, der es mit einer lärmenden Intensität und einer Fülle von Geschehnissen zu verbergen gelingt, daß sie überhaupt keine Handlung hat (Handlung als Veränderung im Zustand der dargestellten Welt oder im Inneren einer Gestalt, in den Beziehungen zwischen zwei oder mehr Gestalten). Diese Komödie mißbraucht meisterhaft die Symmetrie als Prinzip der Vervielfachung ein und desselben, indem sie ihr Sujet auf der symmetrischen Reihung von Paaren aufbaut, die sich gegenseitig spiegeln oder einander wenigstens sehr ähneln, und mit dieser Vervielfachung die mechanische Reihung von identischen oder sehr ähnlichen Situationen rechtfertigt, die sich symmetrisch ineinander spiegeln, und mit dieser Reihung die unendliche Wiederholung von Verfahren und Äußerungen motiviert, die sich symmetrisch ineinander spiegeln und so demonstrieren, buchstäblich vor Augen führen, wie die mechanische Welt aussieht, die ein endloses Reich anorganischer Materie ist.

Nehmen wir als Beispiel die Komödie *Le dindon (Einer macht den Hansel)*, in der vier Ehepaare vorkommen (Vatelin, Pontagnac, Soldignac und Pinchard) und fünf potentielle Dreiecksbeziehungen (Vatelin-Lucienne-Pontagnac; Vatelin-Lucienne-Redillon; Redillon-Armandine-Victor; Redillon-Armandine-Soldignac; Vatelin-Maggy-Soldignac), aber auch einige Dreiecksbeziehungen, die bestimmt keiner wollte und die gar nicht verwirklicht wurden, aber polizeilich protokolliert und für echt genommen wurden, weil die »Liebenden« in flagranti ertappt worden waren (zum Beispiel Vatelin im Bett mit Madame Pinchard; Pontagnac und Maggy Soldignac). Dieses Spiel von Mißverständnissen faßt Pontagnac am präzisesten zusammen, als er Lucienne zuredet, doch seine Geliebte zu werden: »Zwei in flagranti habe ich auf dem Hals!... Zwei in flagranti, woran ich ganz unschuldig bin!... Geschnappt von einem Ehemann, den ich nicht kenne... wegen einer Frau, die ich nicht kenne! Geschnappt von meiner Frau wegen derselben Frau, die ich nicht kenne!... (III,8)

Dabei ist die unvollständige Symmetrie zwischen den einzelnen Paaren stark betont und offensichtlich als eine der Spannungslinien konzipiert, also als eine der integrativen

Kräfte des Dramas und eines der Grundelemente der Dramenarchitektur. Zum Beispiel die Paare Vatelin-Lucienne und Pontagnac-Clotilde: In beiden Fällen ist der Ehemann untreu (war er es oder möchte es sein), in beiden Fällen möchte sich die Ehefrau durch Untreue rächen, und beide Frauen möchten es mit Redillon tun; auf der anderen Seite wurden beide Männer in flagranti mit Frauen ertappt, die sie nicht kennen (Vatelin im Bett von Madame Pinchard und Pontagnac im Zimmer mit Maggy Soldignac), und das verwickelte Beziehungsgeflecht zwischen den beiden Paaren, die sich zu Beginn der Komödie nicht kennen, wird auch dadurch betont, daß Lucienne am Ende der Polizei gesteht, sie habe ihren Mann gerade mit Pontagnac betrogen und sich so an ihrem untreuen Ehemann gerächt. Ein ähnliches Spiel der Symmetrie, um nicht zu sagen, ein geradezu schwindelerregendes gegenseitiges Widerspiegeln und Kommentieren, entwickeln auch die beiden anderen Ehepaare, und auch die gewünschten und ungewünschten Dreiecksbeziehungen. Alles wird in dieser Komödie vervielfacht, alles spiegelt sich in etwas wider, das gleichzeitig anders und gleich ist, alles ist in sich geschlossen und gleichzeitig mit allem verbunden.

Feydeaus unvergleichliche technische Meisterschaft sieht man auch daran, daß er das Karussell der Liebeleien und Ehebrüche, von denen natürlich nicht einer in die Tat umgesetzt wurde, mit einem Hotelzimmer und einer Reisetasche motiviert. Es treffen sich nämlich alle Akteure der Komödie im Zimmer 39 des Hotels Ultimus, ob sie dorthin nun zum gewünschten Stelldichein (Soldignac, Armandine), auf den Ausflug zum 25. Hochzeitstag (Ehepaar Pinchard), aufgrund von Erpressung (Vatelin) oder aus Gewohnheit (Redillon) gekommen sind. Der Zufall hat an einem Ort Menschen versammelt, die sich kaum oder überhaupt nicht kennen, aber es ist nicht der Zufall des griechischen Romans oder der Komödie von Plautus, also nicht der Zufall, der einen mathematischen Ersatz für das Schicksal darstellt, sondern der gut organisierte Zufall eines eingefahrenen Mechanismus, eine aus dem Wahnsinn der Organisation geborene Unordnung. Und die Reisetasche, die Armandine in dem Zimmer vergessen hat und die dann der Diener Victor mit der Tasche des Ehepaars Pinchard verwechselt, damit sie Vatelin später mit der Tasche von Maggy Soldignac und Redillon mit der Tasche von weiß Gott welchem Akteur verwechselt, dient gleichzeitig als Mittel der Motivation und als Mittel zur Schaffung des Dramenrhythmus – wegen der Tasche kehren die Gestalten immer wieder in das Zimmer zurück, die darin nichts zu suchen haben, und andererseits funktionieren gerade diese unerwarteten, allein durch die Tasche motivierten Besuche des Zimmers wie eigentümliche rhythmische Akzente. Nämlich gerade, wenn Sie denken, daß das Durcheinander auch in einer Komödie nicht größer sein kann, taucht jemand im Zimmer auf, um die Tasche zu suchen, und hebt den Wirrwarr auf die nächsthöhere Stufe.

Gibt es ein besseres dramatisches Mittel, um zu zeigen, daß die Menschen den Dingen untergeordnet sind? Wahrscheinlich schon, sogar mit Sicherheit, aber man muß zugeben, daß auch dies dramaturgisch äußerst effizient und dabei humorvoll ist. Das Zimmer ist das, was die Leute verbindet, die Tasche bringt sie zueinander zurück, was wir voneinander wissen können, ist die Farbe des Kleides oder das, was im Polizeiprotokoll steht. Wenn das manchmal nicht der »inneren Wahrheit« entspricht, um so schlimmer für die innere Wahrheit, die im Ambiente der Komödie von Feydeau ohnehin äußerst fraglich ist. Seine Helden rennen aus Pflichtgefühl hintereinander her, nicht aus Liebe, erotischer Sehnsucht oder irgendeinem anderen »inneren« Grund; oder das ist nicht einmal Pflicht im »klassischen Sinne«, sondern Teil eines Gesellschaftsspiels, in gewisser Weise eine verpflichtende Form gesellschaftlichen Benehmens. Das hat jene Vervielfachung der Dinge, die ständige Erzeugung ein und desselben zur Folge, die am Ende das einzige bleibt, was bestehen kann: Es ist eine Konvention, daß wir einen Ehepartner haben, und gleichzeitig ist es Konvention, daß die Männer den Frauen nachrennen und die Frauen sie abweisen (ich sage »Konvention«, um das gewichtige Wort »Verpflichtung« zu vermeiden); dieses »verpflichtende Spiel« resultiert bisweilen in einer erfolgreichen Verführung, die eine neue Verführung, sagen wir, mit umgekehrtem Vorzeichen, erzeugt; andererseits muß Betrug natürlich durch Betrug gerächt werden, der einen neuen Betrug erzeugt... Und so ohne Ende. Mit einer wichtigen Anmerkung: Etwas, das einer wirklichen Empfindung ähnlich ist, meldet sich bei den Gestalten Feydeaus nur, wenn ihnen die Verführung gelingt, sagen wir, wenn sie sie konsumieren sollen – dann meldet sich eine ehrliche Verlegenheit und die noch ehrlichere Frage »Was, zum Teufel, denn nun!?« Deshalb geschieht in der Komödie Feydeaus trotz der lärmenden Sujets nichts – am Ende sind alle dort, wo sie am Anfang gewesen sind, in denselben Beziehungen und an denselben Orten, nur mit einem Schwindelgefühl, das der nicht wirklich gewünschte Besuch des Spiegelzimmers erzeugt hat.

Postscriptum

Mein Nachdenken über die Chronotopos-Typen in der Literatur habe ich aus zwei Gründen mit dem mechanischen Chronotopos begonnen. Zum einen, weil er sich durch viele, viele Jahrhunderte hindurch hartnäckig gehalten hat. Ich glaube nicht, daß ein anderes Erleben der Raumzeit in der Literatur vom Hellenismus bis heute, in jeder Epoche, in jedem Augenblick und in jedem Stil, so reichlich vertreten ist. Wie übrigens auch der mit diesem Chronotopos eng verbundene Traum (die Überzeugung?, das Gefühl?) vom Menschen als Produkt, als Resultat determinierender Kräfte, der Erziehung, des göttlichen Willens, der Bildung. Einmal äußert sich dieses Erleben des Menschen in der Geschichte, wie der Zufall mit uns Menschen spielt und nicht zuläßt, daß wir unser Leben verstehen, geschweige denn gestalten (wie im griechischen Roman und in der Komödie, die aus der neuen attischen entsprungen ist), ein andermal im Erzählen des alten Menschheitstraums, der im Motiv der »lebendig gewordenen Statue« verkörpert ist (die Holzpuppe bei Collodi, die wunderschöne Puppe Olimpia bei E. T. A. Hoffmann, menschenähnliche Figuren aus Lehm in den verschiedenen Varianten des Golems, Roboter in der Literatur von H. G. Wells bis heute), manchmal wiederum in der Geschichte von der Verwandlung eines Menschen unter dem Einfluß von Drogen (bei Stevenson zum Beispiel) oder durch den Willen einer unbekannten metaphysischen Macht (wie bei Kafka). Einerlei ob in einem Märchen oder einer Horrorgeschichte, der Mensch ist ohne freien Willen auf die Welt und ins Leben gekommen, d. h. ohne Möglichkeit, sein Wesen und sein Leben zu gestalten und zu ändern; so wie die Menschen bei Theophrast ihren

Charakter nicht ändern können; in seinem Wesen ist er eine Tabula rasa, die von äußeren Einflüssen beschrieben wird, das Objekt wirkender Mächte, die außerhalb von ihm sind, so daß sein Leben nur ein Reflex dieser Mächte ist. Wer zur ewigen Diskussion über den freien Willen des Menschen forschen möchte, sagen wir, zu den Polemiken, die mit der Frage verbunden sind, ob der Mensch überhaupt einen freien Willen hat und wenn ja, in welchem Maße, könnte großen Nutzen ziehen, wenn er den mechanischen Chronotopos in der Literatur verfolgen würde. Wenn man in einer Zeit an den freien Willen des Menschen, an die Möglichkeit wahrhaftiger Freiheit glaubte, war der mechanische Chronotopos in der damaligen Literatur relativ schwach vertreten; und umgekehrt drängte dieser Chronotopos-Typ alle übrigen Formen, die Raumzeit in der Literatur zu erleben, in jenen Zeiten zurück, in denen man glaubte, der Mensch sei determiniert, d. h. lediglich ein Produkt der Dinge und Mächte, die sich außerhalb von ihm befinden. (Ich bitte, mir diese Vereinfachung zu verzeihen. Sie trifft sicher nicht ganz zu, enthält aber bestimmt ein Körnchen Wahrheit. Man darf natürlich nicht vergessen, daß in allen Epochen Werke entstanden sind, deren Chronotopos-Typ sich vom vorherrschenden deutlich unterscheidet, weil das Erleben der Raumzeit, wie oben betont, individuell ist wie die Rede, die Klangfarbe der Stimme und der Fingerabdruck. Deshalb spiegelt der Chronotopos eines Werks einerseits die Epoche und das für sie charakteristische Weltbild wider, andererseits das existentielle Empfinden des Autors, so daß das Werk dieses Autors eine leidenschaftliche Polemik gegen die Epoche und ihr Weltbild sein kann.)

Der andere Grund, warum ich mit dem mechanischen

Chronotopos begonnen habe, ist seine Aktualität beziehungsweise seine Omnipräsenz in der heutigen Zeit. Ich wollte meinen potentiellen Leser davon überzeugen, daß ich auch über ihn rede, wenn ich mit diesem Chronotopos-Typ anfange, er ist ein wesentlicher Teil seiner Leseerfahrung, und demzufolge handelt diese Passage auch von diesem Leser.

Schon seit dem Rationalismus dominiert in unserer Kultur ein mechanisches Erleben von Zeit und Raum. Die »Entdeckung des leeren Raums« war die Quelle für die Verzweiflung Pascals, die einem sentimental vorkommen mag, aber mit Sicherheit nicht unbegründet ist (ich möchte den sehen, der nicht verzweifelt wäre, wenn er im Himmel statt Gott, an den er glaubt, einen leeren, kalten, finsteren und unendlichen Raum vorfände). Im Einklang mit dieser Raumzeit-Erfahrung kristallisierte sich die Überzeugung heraus, daß die einzige Wahrheit außerhalb des Menschen angesiedelt sei, und aus dieser Dominanz der Außenperspektive entwickelte sich in den Künsten auch die Überzeugung, daß die Sicht von außen der objektiven Sicht und die äußere Erkenntnis der objektiven Erkenntnis gleichkomme. Das stimmt natürlich nicht, objektive Erkenntnis wäre das, was ein produktives Gleichgewicht zwischen Innen- und Außenperspektive herstellen würde, aber die Mühe um ein solches Gleichgewicht ist heute in der westlichen Kultur nicht mehr vorstellbar. In diesem Zusammenhang ist auch der Aufschwung der deterministischen Lehren vom Menschen zu sehen. Positivismus und Marxismus, Psychoanalyse und Strukturalismus knüpfen aneinander an und entdecken immer neue deterministische Mächte, die das Erleben des Menschen von sich und der Welt restlos bestimmen. In welchem Zusammenhang mit diesem Menschenbild steht die Erneuerung des griechischen Romans im sogenannten postmodernen Roman und noch stärker und offensichtlicher in den sogenannten Seifenopern?

Die »kollektiven Träume« (oder wäre es genauer, von »öffentlichen Träumen« zu sprechen?), die eine Gesellschaft träumt, die Ziele, die sie sich setzt, die Wünsche, die sie in den populären künstlerischen Formen artikuliert, sagen über eine Epoche viel aus. Einer der Träume unserer Epoche ist die Produktion eines Menschen, der nicht stirbt, weil er nicht geboren ist, ob er nun Roboter oder Cyberman oder sonstwie heißt. Kann man die Filme, die Comics, aber auch die literarischen Werke zählen, die bevölkert sind von Menschen-Maschinen, kybernetischen Apparaten, die scheinbar leben, von Leuten, die immer wieder von neuem noch ein Leben an sich reißen, indem sie das Herz, Blut oder ich weiß nicht welches andere lebenswichtige Organ eines anderen in sich einpflanzen (oder sich einpflanzen lassen, wenn die Ärzte es tun)? Das ist der alte Traum von der »Überwindung von Raum und Zeit«, ein Traum, der mit dem mechanischen Erleben der Welt und dem Gefühl, daß das Leben, wenn es überhaupt existiert, meist unerträglich ist, einhergeht, nur daß unsere Epoche seine Verwirklichung nicht mit einer unbekannten metaphysischen Kraft, auch nicht mit einer magischen Formel oder einer mystischen Macht im wahren Sinne des Wortes verbindet, sondern mit dem »technischen Fortschritt«, wie die fortschrittlichen Intellektuellen Anfang des 20. Jahrhunderts gesagt hätten.

Der andere »öffentliche Traum« unserer Epoche, den wir in der Zwischenzeit meist zu träumen aufgehört haben, korrespondiert eng mit dem vorherigen, ist fast sein »Spiegelbild« und sicher komplementär zu ihm (dafür spricht auch die Tatsache, daß sie immer zur gleichen Zeit auftauchten, zum Beispiel im Manierismus des 16. Jahrhunderts). Das ist der Traum von der Rückkehr zur Natur, der Traum, den in meiner Jugend die Leute aus der sogenannten Hippie-Bewegung zu leben versuchten, der Traum von der freien Liebe, freien Menschen und einem Leben, das in Harmonie mit Pflanzen, Tieren, Wassern und Winden dahinfließt. Diesen Traum nenne ich ein »Spiegelbild« des vorherigen, weil er Ausdruck der Rebellion gegen die mechanische Welt, den technischen Fortschritt und den Determinismus ist. Auch dieser Traum gründet offensichtlich in der Überzeugung, daß wir »Zeit und Raum überwinden« können, aber diese »Überwindung« wäre eine Emigration aus der mechanischen Raumzeit und kein durch Technik ermöglichtes »Erheben über« sie wie im Traum von der ewigen Menschen-Maschine. Eine Emigration wohin? In das »Goldene Zeitalter« natürlich, in eine Welt, parallel zur mechanischen Welt, in der man anders existiert, weil sie völlig anders ist (die Zeit, sagen wir, fließt in dieser Welt nicht dahin). Jenen ersten Traum unserer Epoche, den wir ja vielleicht verwirklichen werden, wenn wir erst die Geschwindigkeit erreichen, die uns von den Grenzen der Raumzeit befreit, wenn wir endlich produziert statt geboren werden, könnte man als »Paroxysmus« des mechanischen Chronotopos betrachten. Der zweite Traum, so verwandt er auch mit ihm ist, unterscheidet sich dennoch grundsätzlich. Diesen Chronotopos-Typ möchte ich bukolisch nennen.

Der bukolische Chronotopos

Das bukolische Erleben der Welt fand, soweit mir bekannt ist, zum ersten Mal in Hesiods *Werke und Tage* seinen Ausdruck. Im ersten Teil des Epos, in dem er die Gründe für sein Schreiben darlegt (der Konflikt mit seinem Bruder Perses, der ihn um einen Teil des Besitzes betrügen will, aber auch die korrumpierten Richter, die dem unehrlichen Bruder dabei helfen), denkt Hesiod auch über den traurigen Zustand der Welt nach, den vielleicht eine Literatur, der es um die Wahrheit geht, verbessern könnte. In den Rahmen dieses Nachdenkens ist auch eine aufregende mythische Geschichte eingefügt, wahrscheinlich orientalischen Ursprungs, über verschiedene Epochen beziehungsweise das allmähliche Verderben und Verfallen der Welt, vom goldenen Zeitalter, mit dem die Wirklichkeit der Welt begann, über das silberne, bronzene, eiserne, in dem sich die Welt nach Hesiod zu der Zeit, als er sein Epos schrieb, befand, bis zu unserem, das man wahrscheinlich sandig oder digital nennen muß. Dieser Mythos hatte einen nicht zu überschätzenden Einfluß auf die Philosophie der Geschichte, erstens durch ihre Grundidee – daß die Welt mit zunehmender Entfernung von der *arché*, ihrem Ursprung, verdirbt und schwach wird, wie zum Beispiel bei Joachim da Fiore, aber vielleicht noch mehr durch die Form, das Denkmodell, das die Geschichte als Anlagerung »geologischer Schichten« betrachtet, wie zum Beispiel bei Hegel, Marx, Spengler. Aber ihr Einfluß in der europäischen Literatur ist ebenso stark, weil sie ihr eines ihrer fruchtbarsten Motive geschenkt hat, nämlich das Motiv vom verlorenen Paradies, das Motiv von der guten und glücklichen Welt, über die wir etwas wissen, die uns aber vorenthalten bleibt – mit einem Wort, diese Geschichte hat der Literatur den »Traum vom Goldenen Zeitalter« geschenkt, alle Bilder und alle Fragen, die aus diesem Traum hervorgegangen sind oder sich um ihn gesammelt haben. In diesem Traum beziehungsweise in der Geschichte, die ihn formuliert, findet das bukolische Erleben der Welt zum ersten Mal ihren Ausdruck.

Oder wäre es genauer zu sagen, der »bukolische Chronotopos«? Man kann nämlich bei den literarischen Werken, die auf irgendeine Art aus dem Traum vom Goldenen Zeitalter hervorgegangen sind oder etwas mit ihm zu tun haben, meist nicht von einem Erleben der Wirklichkeit und der Welt sprechen; wenn man in diesen Werken um jeden Preis ein solches Erleben erkennen wollte, dann entspräche es am ehesten dem Gefühl, daß die wirkliche Welt, so es sie denn überhaupt gibt, wenig überzeugend und über alle Maßen unklar ist. Und deshalb beschäftigt sich die aus diesem Traum hervorgegangene Literatur hauptsächlich mit Formen und nicht mit der wirklichen Welt, so daß man im Zusammenhang mit ihr nur von einem Chronotopos und nicht von einem Erleben der Welt sprechen darf. Wohl deshalb lebt diese Literatur hauptsächlich in Krisenzeiten auf, in Perioden mit einer betont manieristischen Kunst, die ihre Texte zwei- oder dreifach kodiert und dadurch hervorhebt, daß das »Denotat« des Werkes beziehungsweise der Gegenstand seiner Rede ein anderer Text und keine außertextuelle Wirklichkeit ist.

Das ist schon bei Theokrit offensichtlich, dem Autor des idyllischen Mimus (eidyllion), der wahrscheinlich ersten literarischen Form, die in der »Rückkehr zur Natur« den Weg zu einem Leben sieht (oder so tut, als ob), das dem »Goldenen Zeitalter« so nahekommt, wie es in dieser Welt und uns derart Verdorbenen überhaupt möglich ist. Theokrit hat, wie man weiß, die subliterarische Form des Mimus (Michail Bachtin hätte den Mimus wahrscheinlich als Form der »Volkskultur« im Gegensatz zur hohen, offiziellen, staatlichen Kultur bestimmt) in die »hohe Literatur« eingeführt, indem er im Hexameter, dem Vers des heroischen Epos, und zwar ausgesprochen artifiziell, mit großem künstlerischem Können, Schicksale und Geschichten aus dem Alltagsleben von Bürgern (das verlassene Mädchen, das mit Hilfe seiner Dienerin unter Einsatz magischer Kräfte das Herz des Treulosen zurückerobern will) und von Bauern aufschrieb (gerade mit den Monologen und Dialogen »sizilianischer Bauern«, der untersten sozialen Schicht der damaligen Gesellschaft, begründete Theokrit die Idylle als Genre). Die Hirten sitzen irgendwo in den sizilianischen Bergen, im Schatten von Pinien, und überbieten sich in der Verskunst und im Gesang; ihre Rede und ihre Verfahren sind von uralten Gebräuchen bestimmt, die schon seit Menschengedenken bestehen (vielleicht seit dem Goldenen Zeitalter?), sie haben ihr Wissen nicht um den Preis ihrer »ursprünglichen Natur« erworben wie wir, die Menschen der Eisen- oder Sandzeit, sie sind eins mit der Natur und gleichzeitig Wesen des Geistes, sie leben in völligem Einklang mit den Pinien, Ziegen und dem Wind und sprechen dabei in Hexametern und wetteifern im Gesang. Sie singen hauptsächlich von der Liebe, zum Beispiel vom Liebestod des Hirten Daphnis oder von der Liebe des armen Kyklopen Polyphem zur schönen Nymphe Galateia oder über Liebeserlebnisse aus dem eigenen Leben.

An allem ist klar zu erkennen, daß der idyllische Mimus des Theokrit nicht von der Wirklichkeit eines sizilianischen oder sonst eines Dorfes handelt, sondern vom Bild des Dorfes, das in der ausgesprochen städtischen Kultur der zeitgenössischen hellenistischen Städte existierte. Dieses Dorf ist das Ambiente der mythischen *arché*, der Rahmen, in den die Bewohner der hellenistischen Stadt all ihre Träume und Wünsche hineinprojizieren, in dem sie eine Welt konstruieren können, frei von allem, was sie frustriert, kurz ein Rahmen, in dem sie ihr Lebensideal unterbringen können. So stellte Theokrit eine der Grundregeln der bukolischen Literatur auf, nämlich die, daß diese Literatur nicht von der wirklichen Welt handelt, sondern von einer Kulturform, die das zeitgenössische Lebensideal ausdrückt. Das ist, sage ich, an allem klar zu erkennen, angefangen bei der Grundsituation des Gesangswettbewerbs über die Rede in Hexametern bis hin zum »Leben«, in dem die Liebe das einzige Thema ist. Und besonders klar ist es in jenen Augenblicken, jenen textuellen Details zu erkennen, die sich vom Kontext abheben, als wären sie zufällig oder irrtümlich in den Text geraten, in denen die harte und oft bittere Wirklichkeit des Dorflebens zum Ausdruck kommt. Es ist natürlich völlig gleichgültig, ob diese Details Teil der Autorenintention oder Reflex der großen Tradition des Mimus sind, der alles zu verspotten und auf ein menschliches Maß beziehungsweise das Maß des menschlichen Alltagslebens zurückzuführen wußte. Wenn es um letzteres geht, handelt es sich bei diesen Details um die sogenannte Erinnerung der Form, von der bereits die Rede war, und sie wurden als Moment jener Prozesse in den Text integriert, ohne die künstlerische Arbeit undenkbar wäre, sagen wir als Moment der Entelechie eines Kunstwerks, der Prozesse, die zur »Selbstvollendung des Werks« führen, das am Ende nicht ganz der Autorenidee entsprechen muß und in der Regel nicht entspricht (weshalb man über das Werk getrennt vom Autor sprechen und nachdenken muß).

Longos' Roman *Daphnis und Chloë*, das zweite wichtige Beispiel für die idyllische Literatur der hellenistischen Zeit, weicht vom bukolischen Chronotopos des Theokrit ab (ich glaube, der Name des verliebten Hirten wurde absichtlich von Theokrit übernommen), insofern als er seine Helden und die Geschichte in die meteorologische und kosmische, also reale Zeit setzt und nicht in das ewig dauernde »Jetzt« der Idylle. Insofern ist Longos' Roman ein wertvoller Versuch, die literarische Idylle für das reale Leben zu öffnen, indem sich der bukolische Chronotopos für die natürliche Zeit öffnet. Die Helden von Longos' Roman *Daphnis und Chloë*, Hirte und Hirtin, zu Beginn des Romans beide Kinder, entdecken während des Frühlings und des Sommers, die sie bei ihren Herden, natürlich weit weg von den Menschen und ihren Siedlungen, verbringen, ihre Körper und ihre Liebe (wegen der Körperlichkeit, die in diesem Roman ganz konkret und brillant dargestellt ist, hebt sich *Daphnis und Chloë* von der bukolischen Literatur ab, in der der Körper hauptsächlich eine notwendige technische Bedingung für das Vorhandensein einer abstrakten, allgemeinen, idyllischen »Liebe« ist.) Mit dem Aufblühen des Sommers erblühen auch sie, so daß sie am Ende des Sommers erwachsen sind, wie die Lämmer und Zicklein, die in ihren Herden zu Beginn des Frühlings geboren wurden, als die beiden die ersten Unruhen in ihrem Körper fühlten, wie die Früchte der Pflanzen, die da, am Anfang des Romans, Knospen waren. Die Herbstfröste veranlassen sie zur Rückkehr in ihre Dörfer, unter die Menschen, wo ihre Liebe die natürliche Spontaneität (Unschuld?) verlieren und nicht mehr mit dem natürlichen Rhythmus des Lebens, sondern mit den Gesetzen der menschlichen Gesellschaft harmonieren muß: Was dort, bei der Herde, die Sprache des Körpers war, wird nun, unter den Menschen, zur Sprache des gesellschaftlichen Gesetzes und des materiellen Interesses, was dort Liebe war, wird hier, unter den Menschen, zur Ehe.

Wie erfolgreich Longos' Roman als literarisches Werk auch war, als Versuch, den bukolischen Chronotopos zu »öffnen« und mit einer Zeit zu operieren, die dahinfließt und Veränderungen mit sich bringt, also mit einer Zeit, in der Existenz möglich ist, blieb er erfolglos. Schon der nächste große Autor der bukolischen Literatur, Vergil, trennt mit seinen *Georgica* diese Literatur definitiv von der Welt, in der menschliche Existenz möglich ist. Er verlegt seine Idylle nämlich nach Arkadien, in eine fiktive Welt mit ewigem Frühling, reiner Natur (was immer das auch für eine Natur ist; ich glaube, es wäre sehr instruktiv zu erforschen, was die einzelnen literarischen Richtungen und kulturellen Bewegungen, die sich auf die Natur berufen, unter diesem Wort verstehen), einem Leben, in dem Wissen angeboren ist, so daß man es nicht um den Preis der Zustimmung zum Geist und damit zum Tod erwerben muß. Mit Vergil ist der bukolische Chronotopos-Typ mehr oder weniger vollendet: der Raum ist reine »lyrische Natur«, ein ausgesprochen artifizielles Hainambiente, das seinen Eigenschaften nach viel eher einem Park ähnelt, aber nicht mit einem Park gleichgesetzt werden kann, weil ein Park Menschenwerk, etwas Gemachtes ist; indes haben die Sträucher in Vergils Hain wie auch in einem Park keine Dornen, und die Felswände sind nicht mit scharfen Kanten versehen, die in die menschliche Haut schneiden könnten, wie es auch sonst nichts gibt, vor dem ein anständiger Mensch zurückschrecken müßte; die Zeit ist ebenfalls ausgesprochen unreal, weil im Hain ewiger Frühling herrscht, d. h. ein Augenblick, der ewig dauert; es gibt keinen Winter in diesem Hain, wie es auch kein Alter gibt. In dieser Form führte Torquato Tasso mit der Pastorale *Aminta*, einem der charakteristischsten Beispiele der Dramenliteratur im Manierismus des 16. Jahrhunderts, den bukolischen Chronotopos in das Drama ein.

Ich weiß nicht, wie es im Paradies war, in jenem echten, jenem, aus dem uns die Neugier unserer Ureltern vertrieb. War der Raum diskontinuierlich, wies er Segmente des Sozialen, Heiligen, Geschlossenen und Offenen, Öffentlichen und Intimen auf? Ich bezweifle es, das Soziale kann es nicht gegeben haben, weil Eva und Adam die gesamte Gesellschaft waren, sie waren sowohl Eheleute, also Intimpartner füreinander, als auch Öffentlichkeit. Und heilig war alles, ich kann mir keinen profanen Raum im Paradies vorstellen. Genausowenig wie ich mir im paradiesischen Ambiente eine Grenze zwischen Öffentlichem und Intimem, Offenem und Geschlossenem vorstellen kann. Vor wem und wovor hätten sich die beiden verstecken sollen? Scham spielt eine Rolle in einer Kultur, die eine Grenze zwischen dem Intimen und Öffentlichen errichtet hat und diese respektiert, deshalb empfinden sie, wie wir gesehen haben, die Helden von Plautus nicht, die ihre öffentliche Körperlichkeit auf den Plätzen ausleben, wie auch unsere moderne Kultur mit ihren Obsessionen des öffentlichen Bekennens, des öffentlichen Bereuens, des öffentlichen Demonstrierens von Körperlichkeit sie immer weniger verstehen kann. Scham war im Paradies übrigens nicht möglich, ihre Berührungen waren, selbst wenn es sie gegeben hat, frei von Erotik, also von einer besonderen geistigen Distanz zu ihrem Körper, zum Wissen über ihn und seine Wirkung; deshalb konnten sie, wie oft sie auch »Liebe machten«, einander nicht erkennen, und demzufolge konnte auch keiner von ihnen sich selbst erkennen. Es gibt keine Scham, wo es kein Bewußtsein von der Grenze gibt, die die Kultur dem Körper gesetzt hat, und deshalb hatten unsere Ureltern keinen Grund, sich irgendwie zu verstecken. Unter diesen Bedingungen konnten sie, nehme ich an, ihre Nacktheit nicht von der Nacktheit einer Birnenfrucht oder der Unverhülltheit des Quellwassers unterscheiden und anders empfinden. Wer sich nicht von einer Birnenfrucht und von Quellwasser unterscheidet, braucht keinen abgeschlossenen persönlichen Raum, braucht kein Ambiente, das er mit seinen Erinnerungen füllt, braucht auch nicht die ganz elementare Differenzierung des Raums in einen inneren und äußeren, einen offenen und geschlossenen ... Ich glaube also, daß der paradiesische Raum nicht nur kontinuierlich, sondern auch homogen, eins und einheitlich war.

Und die Zeit, wie war es mit der Zeit? Sie gingen nackt umher, deshalb glaube ich, daß im Paradies, wie in der Pastorale Tassos, ein angenehmes Klima herrschte, ohne große Hitzeperioden und ohne Frost, sagen wir, ewiger Frühling. Sicherlich hatten sie keinen Winter (wie hätten sie denn Winterfröste ertragen, so nackt, wie sie waren, und immerhin war es ja das Paradies, seine Bewohner erdulden keine großen Unannehmlichkeiten), und das heißt, auch keine anderen Jahreszeiten. Hatten sie wenigsten Tag und Nacht? Kleinere Zeiteinheiten hatten sie sicherlich nicht, was hätte es ihnen bedeutet, die Stunden und Minuten zu messen, Jahreszeiten hatten sie ebenfalls keine, aber Tag und Nacht, sagen wir, als Zeit zum Schlafen und als Zeit für ein aktives Leben, hatten sie wenigstens das? Mit anderen Worten: Floß die Zeit im Paradies dahin, hätten Eva und Adam die Zeit der Reife und das Alter erlebt, wenn sie nicht vertrieben worden wären? Waren sie überhaupt jung? Waren sie einmal Kinder? Ich erinnere mich an bissige Diskussionen darüber, ob Adam einen Nabel hatte: ohne Nabel war er kein Mensch, wenigstens kein »normaler«, aber es ist unlogisch, daß er einen Nabel hatte, wenn ihn keine Frau geboren hatte (es wäre logisch, wenn diese Frage heute, im Zusammenhang mit geklonten Menschen, wieder auftauchen würde). Ich gebe zu, mich hat viel mehr interessiert, ob sie älter, erwachsen geworden sind, sich entwickelt haben. Ich nehme an, sie sind es nicht, weil sie nicht wachsen und sich entwickeln konnten, wenn die Zeit nicht dahinfloß. Doch diese floß im Paradies, nach allem zu urteilen, nicht dahin, so daß sich all meine Fragen auf eine einzige reduzieren – in welchem Zeitalter sie erschaffen und im Paradies angesiedelt wurden. Falls diese Frage überhaupt möglich ist, falls sie unter den paradiesischen Bedingungen, unter denen es kein Zeitalter geben kann, überhaupt Sinn hat, weil es ja keine Zeit gibt und eben auch nicht irgendein Zeitalter. Es gibt nur ein ewiges Jetzt, den Augenblick, der alle Zeit enthält.

Es ist logisch anzunehmen, daß Eva und Adam unter den Bedingungen, unter denen sie sich aufhielten (kann man sagen: lebten?) keinen individuellen Charakter und damit einhergehende Züge ausgebildet haben, zum Beispiel eine persönliche Weltanschauung, verschiedene Stimmungen, eine spezifische Gemütsstruktur, eine Neigung zu bestimmten Ideen ... Sie waren, nehme ich an, viel eher ein allgemeines Zeichen für den Menschen als echte Menschen, als solche, zu denen diese materielle Welt verurteilt ist. Und das bedeutet, daß auch ihr Handeln einfach und einseitig war, so daß es keiner differenzierten Motivationssysteme bedurfte, mit denen man dieses Handeln vorbereitet, gerechtfertigt, mit dem

Charakter der handelnden Person in Einklang gebracht hätte. An einer Stelle im Koran heißt es, daß alle Geschöpfe ihren Schöpfer schon allein durch ihre Existenz preisen, nur der Mensch kann sich weigern, Ihn zu preisen und kann Ihn sogar durch die Sprache verleugnen. Das ist die metaphysische Basis der menschlichen Freiheit, sie verpflichtet den Menschen zur Freiheit und bewirkt, daß alle Formen der Freiheit auf dieser Welt Reflexe der Freiheit sind. Es besteht kein Bedarf an Motivationsmitteln, um das, was alle Geschöpfe außer dem Menschen tun, vorzubereiten und zu rechtfertigen – es liegt in ihrer Natur, sie tun das also notwendigerweise; Motivationsmittel sind notwendig, um das, was der Mensch tut (was immer auch der einzelne Mensch tut), vorzubereiten und zu rechtfertigen, weil er die Wahl hat.

Ich weiß, wie gesagt, nicht, wie es im Paradies war und wieviel Sinn in den Mutmaßungen liegt, die ich hier vorgebracht habe, aber ich weiß, daß es geradeso in Tassos Pastorale war, die, nehme ich an, sein Bild vom Paradies sein sollte, von jener Welt, die wir verloren haben, als sich das Goldene Zeitalter von uns entfernt hat. Die Gestalten in diesem Stück haben eine einzige Eigenschaft, und das ist die Fähigkeit zur Liebe, und zwar zu einer allgemeinen abstrakten Liebe, ähnlich wie die Helden Feydeaus. Dabei ist es gleichgültig, ob es sich um einen Hirten oder eine Nymphe, einen Satyr oder ein Schaf handelt – in der Welt von Tassos Pastorale lieben alle Geschöpfe und werden geliebt, so wie in der wirklichen Welt alle Geschöpfe (außer dem Menschen) ihren Schöpfer preisen, sozusagen aus natürlicher Notwendigkeit. Deshalb gibt es in diesem Drama keine Motivationsmittel und -systeme, keine Veränderungen in irgendeiner Gestalt und keine Unterschiede in ihren gegenseitigen Beziehungen, keine ... Es gibt keine einzige Gestalt, die eine andere Liebe wünschte oder wenigstens diese abstrakte, diese »Liebe schlechthin« aus den lexikographischen Handbüchern ablehnte, und es gibt auch keine Hoffnung, daß so jemand auftaucht. Nur der Wunsch oder, genauer, die Sehnsucht, die tiefe Sehnsucht nach jemandem, der das könnte. Ist diese Sehnsucht und Hoffnungslosigkeit die Ursache für die Beklemmung, die nach der Lektüre dieses Stückes zurückbleibt? Wenn sein Paradies so ist, darf ich mich gar nicht fragen, wie Tassos Hölle aussehen würde. Und ich habe keinen Grund, mich zu fragen, warum Goethe ihm ein in Versen geschriebenes Drama widmen wollte, ein Drama, das die heroische Form imitiert und dabei gern in Kauf nimmt, daß diese Imitation bisweilen stark einer Parodie ähnelt.

Eine Ausnahme

Mein Nachdenken über den bukolischen Chronotopos müßte unvollständig bleiben, wenn nicht auch ein Autor erwähnt wird, der auf dieser wie übrigens auch auf allen anderen Ebenen ein »Grenzfall« ist, nämlich Franz Kafka. Die Struktur der Raumzeit in seiner Prosa assoziiert direkt die bukolische Literatur. Ich sage die Struktur, nicht die Elemente, durch die das Ambiente charakterisiert wird, weil es bei Kafka natürlich keine mit verliebten Hirten bestückten Haine und Quellen gibt. Aber die endlosen Gänge und Büroräume, der schneebedeckte Berg und die Dachböden unbekannter Gebäude in Kafkas Prosa sind fast geradeso strukturiert wie die Umgebungen in der Pastorale – der Raum ist eindeutig und »homogen«, es gibt keine Grenzen zwischen Innen und Außen (im Schlafzimmer sind die Helden Kafkas ungeschützt und der Willkür unbekannter Mächte ebenso ausgesetzt wie auf der Straße, im Büro, am Abhang eines schneebedeckten Berges), es gibt keinen Unterschied in der Bedeutung der einzelnen Segmente (das Schlafzimmer, das verborgene Kämmerlein im Keller und der Marktplatz sind in gleicher Weise öffentlich, an jedem dieser Orte kann man unbekannte Menschen antreffen, die andere Menschen ausfragen oder etwas im Zusammenhang mit ihnen überprüfen), es gibt keinen Unterschied im Erleben der einzelnen Raumsegmente (wo er sich auch befindet, Kafkas Held ist immer dort, wo er nicht hinwollte). Es ist also nur ein scheinbar gegliederter Raum wie in der Pastorale – an der Quelle und am Bach, auf einem Felsen und im Schatten der Bäume sind die Gestalten der Pastorale der Liebe und der Schönheit der paradiesischen Landschaft ausgesetzt, und an jedem der Orte geschieht ihnen das gleiche, daß sie nämlich einem Satyr oder einer Hirtin, einer erwünschten oder unerwünschten Liebe begegnen.

So verhält es sich auch mit der Zeit. Bei Kafka ist zwar im Unterschied zur Pastorale, in der ein Sonnentag ewig dauert, von der Dämmerung neuer Tage und dem Hereinbrechen neuer Dunkelheit die Rede, aber in dieser Zeit, die scheinbar dahinfließt, gibt es keine Bewegung, genausowenig wie im Raum, durch den man scheinbar oder wirklich geht. Wie weit er auch geht, Kafkas Held ist vom Ort, an den er gelangen möchte, gleich weit entfernt; genauso ist er vom Aufbruch und von der Ankunft gleich weit weg, wieviel Zeit seit dem Beginn seiner Suche auch verronnen ist. Eine Bewegung, die eine Veränderung mit sich brächte, gibt es weder bei Kafka noch in der Pastorale.

Aber die auffälligen Ähnlichkeiten machen die Unterschiede nur noch bedeutender und offensichtlicher. Ich glaube, der entscheidende Unterschied liegt in der Perspektive. Die Pastorale kennt nur die Außenperspektive, sowohl die Welt als auch die Gestalten und Geschehnisse sind nur von außen dargestellt und werden allein mit einem uninteressierten Blick gesehen. Kafka schreibt dagegen objektiv, es gelingt ihm, eine Balance zwischen der Außen- und Innenperspektive, zwischen dem Blick von außen und dem Blick von innen herzustellen, es gelingt ihm eigentlich, sie zu verbinden. Ich denke die Erzähltechnik Kafkas ist insofern einzigartig, als er die Dinge so darstellt, als würden sie gleichzeitig von außen und innen gesehen. In der Skizze *Die Brücke* berichtet zum Beispiel das sprechende Subjekt (der Erzähler?), es sei eine Brücke (»Ich war steif und kalt, ich war eine Brücke«). Es stellt das schlicht fest, es berichtet über das, was jedes Auge von außen sehen kann, aber dabei stellt es die Dinge deutlich auch aus der Innenperspektive dar, denn dieser Berichtende empfindet Schmerz und Kälte und Anstrengung. Er sieht sich gleichzeitig von außen und innen, so wie uns die Sprache und vielleicht auch Gott sieht. Fast könnte man sagen, daß die technischen Ähnlichkeiten der Prosa Kafkas mit den Idyllen vor allem aufzeigen sollen, wie anders da alles ist.

In der Erzählung *Beim Bau der Chinesischen Mauer* gibt es eine Episode, die, würde ich sagen, den Chronotopos Kafkas am genauesten ausdrückt. Das ist die berühmte Geschichte in der Geschichte (»Es gibt eine Sage, die dieses Verhältnis gut ausdrückt.«), die das Verhältnis des chinesischen Volkes zu seinem Kaiser beziehungsweise seine Auffassung vom Kaisertum erklärt. Von seinem Sterbebett aus hat der Kaiser Dir, gerade Dir über einen zuverlässigen Boten eine Botschaft gesandt; er hat sie dem Boten ins Ohr geflüstert, der Bote hat die Botschaft flüsternd wiederholt, und der Kaiser hat bestätigt, daß er sie sich richtig gemerkt hat, und dann ist der Bote aufgebrochen. »Der Bote hat sich gleich auf den Weg gemacht; ein kräftiger, ein unermüdlicher Mann; einmal diesen, einmal den andern Arm vorstreckend, schafft er sich Bahn durch die Menge; findet er Widerstand, zeigt er auf die Brust, wo das Zeichen der Sonne ist; er kommt auch leicht vorwärts wie kein anderer. Aber die Menge ist so groß; ihre Wohnstätten nehmen kein Ende. Öffnete sich freies Feld, wie würde er fliegen und bald wohl hörtest Du das herrliche Schlagen seiner Fäuste an Deiner Tür. Aber statt dessen, wie nutzlos müht er sich ab; immer noch zwängt er sich durch die Gemächer des innersten Palastes; niemals wird er sie überwinden; und gelänge ihm dies, nichts wäre gewonnen; die Treppen hinab müßte er sich kämpfen; und gelänge ihm dies, nichts wäre gewonnen; die Höfe wären zu durchmessen; und nach den Höfen der zweite umschließende Palast; und wieder Treppen und Höfe; und wieder ein Palast; und so weiter durch Jahrtausende; und stürzte er endlich aus dem äußersten Tor – aber niemals, niemals kann es geschehen –, liegt erst die Residenzstadt vor ihm, die Mitte der Welt ...«

Zenon von Elea hätte diese Zeilen sicherlich gut verstanden, sie wären ihm von irgendwoher bekannt vorgekommen. Ich weiß nicht, ob ihm aufgefallen wäre, was dem zeitgenössischen Leser nicht entgehen kann: viele Male wird betont, daß der Bote mit der Botschaft des Kaisers nicht kommen kann und wird, gerade weil man ihn erwartet, weil man beharrlich glaubt, er könne vielleicht doch kommen. Ich weiß, wie gesagt, nicht, ob Zenon von Elea dieser Konflikt zwischen rationaler und pathetischer Logik, dieser Konflikt zwischen Wissen und Glauben, wenn Sie so wollen, aufgefallen wäre, weil ich nicht weiß, inwieweit er seine Aporien als logische Übung und inwieweit als eigenes Weltempfinden dargelegt hat. In einer Welt, in der seine Aporien nicht nur logische, sondern auch wirkliche beziehungsweise praktische Geltung hätten, wäre dieser Konflikt zwischen vernünftigem und pathetischem Wesen unmöglich, also wäre Zenon nicht aufgefallen, was uns in Kafkas Text erschüttert, wie sehr es uns dabei auch zum Lachen reizt, wenn er seine Lehre ganz ernst gemeint und empfunden hat. Es gibt nämlich dort, wo es keine Erinnerung, keine Vergangenheit, kein Gedächtnis, keine Erfahrungen gibt, keine Erwartung; aber Erinnerung, Gedächtnis und Vergangenheit können nicht in einer Welt sein, in der die Zeit stillsteht, weil keine Bewegung möglich ist. Und Menschen, die in einer Welt leben würden, in der die Aporien Zenons wahr wären, könnten keine Erinnerung und demzufolge auch keine Erwartung haben, so daß ein Konflikt zwischen der logischen Erkenntnis und der Erwartung dessen, was man wünscht, unmöglich wäre. In der Welt Kafkas fließt die Zeit zwar nicht mehr dahin, und Bewegung ist unmöglich, aber die Bewohner dieser Welt erinnern sich, daß sie einst dahingeflossen ist, oder es gelingt ihnen wenigstens zu glauben, daß sie sich erinnern. Sie befinden sich sozusagen im Zentrum eines Paradoxons, in dem das Wesen und die Vernunft, das Wissen und der Glaube, die rationale und pathetische Logik aufeinandertreffen (in Konflikt geraten?).

Polemisierend gegen die Überzeugung des Zenon, daß die Zeiteinheit unendlich teilbar ist, wie auch die Raumeinheit unendlich teilbar ist (worüber wir schon gesprochen haben, als wir darauf hingewiesen haben, daß Zenon den Unterschied zwischen Zeit und Raum absichtlich ignoriert, um seine Behauptungen begründen zu können), verbindet Aristoteles in seiner *Physik* (IV, 10 ff) die Zeit mit der Bewegung und behauptet, daß wir uns immer im »Jetzt« befinden, dieses »Jetzt« aber keine Zeiteinheit ist, nicht einmal die kleinstmögliche – jene unteilbare – Zeiteinheit, ganz im Gegensatz zu Zenon, der mit der unendlichen Teilbarkeit dieser Einheit gerechnet hat. Für Aristoteles ist das »Jetzt« eine Zeitgrenze, eine unteilbare Grenze, die den zurückgelegten Teil eines Weges von dem noch bevorstehenden, die Vergangenheit von der Zukunft, das Verronnene vom Künftigen trennt. Das »Jetzt« wäre demnach in der Chronometrie das, was der Punkt in der Geometrie ist – eine Elementareinheit, unteilbar und unbestimmbar, vorstellbar sozusagen nur als Grenzphänomen zwischen Ja und Nein. Der Punkt ist, wenn ich mich recht entsinne, eine Elementareinheit der geometrischen Figuren, aber allein ist er ohne Dimensionen, Eigenschaften und insofern unbestimmbar (fast würde ich sagen: inexistent); er befindet sich auf der Grenze zwischen Existenz und Nicht-Existenz, Bestimmbarkeit und Unbestimmbarkeit, weil man ihn in gewisser Weise, sagen wir, negativ oder indirekt, über andere geometrische Figuren beziehungsweise Einheiten dann doch bestimmen kann – sagen wir, als Schnittpunkt zweier Geraden, als Grenze einer Linie (eines Segments, einer Geraden) u.ä. Insofern darf man vielleicht sagen, daß sich der Punkt im Zentrum des Paradoxons befindet, in dem Ja und Nein, Bestimmbarkeit und Unbestimmbarkeit aufeinandertreffen. Und wenn es so ist, kann man sicher sagen, daß der Punkt der nächste Nachbar des »Jetzt« ist, das ebenfalls eine Elementareinheit ist, ohne Dimensionen und Eigenschaften, nur negativ oder indirekt bestimmbar, sagen wir, als Grenze zwischen den einzelnen Zeiteinheiten.

Die Position dieser Noch-nicht-Einheiten von Zeit und

Raum illustriert ziemlich gut die Position von Kafkas Gestalten beziehungsweise seines Werkes insgesamt, das sich wie der Punkt und das »Jetzt« an der Grenze befindet. Deshalb denke ich, daß Zenon von Elea jene dramatische Spannung zwischen der logischen Erkenntnis und der Erwartung, die sich dieser Erkenntnis entgegenstellt, vielleicht doch nicht aufgefallen wäre. Zenon war ein brillanter Logiker und hat ein konsequentes und vollkommen logisches System aufgebaut, aber die Existenz ist, wie uns Kafka und Aristoteles lehren (wie unwahrscheinlich das auch bezogen auf letzteren klingen mag), unlogisch, sie wird möglich durch das, womit das Zentrum des Paradoxes gefüllt wird, jener unbegreifliche »Ort«, an dem ein negativ bestimmtes Phänomen (Punkt, »Jetzt«) ein positiv bestimmtes Phänomen (Gerade, Vergangenheit) herstellt.

Der analytische Chronotopos

Ernst Cassirer hat in seiner *Philosophie der symbolischen Formen* das mythische Erleben von Zeit und Raum präzise beschrieben, indem er die Diskontinuität des einen wie des anderen betonte. Der Raum existiert für das mythische Denken eigentlich gar nicht, weil dieses Denken nicht mit abstrakten Begriffen operiert, es trägt allein dem Ort beziehungsweise den Orten als materiell verwirklichten und konkreten Einheiten oder genauer als »Beispielen« des Raums Rechnung. Den höchsten Wert beziehungsweise den höchsten Grad an Wirklichkeitsintensität besitzt der heilige Ort, der Ort also, an dem sich eine Gottheit offenbart hat, danach kommen jene Orte, die mit dem Heiligen in irgendeiner Berührung oder wenigstens Korrespondenz stehen, und dann jene Orte, die profan sind. Ähnlich verhält es sich mit der Zeit: Die höchste Wirklichkeitsdichte hat natürlich der erste Augenblick, die *arché*, der Uranfang, die Zeit der Entstehung; das, was auf den Augenblick der Entstehung folgt und aus ihm seine Wirklichkeit gewinnt, lebt sozusagen von der *arché*, fast wie ihr Echo, ihre Widerspiegelung, so daß die Wirklichkeitsdichte mit der Entfernung von der heiligen Zeit des Beginns und der Entstehung abnimmt – je weiter wir vom Anfang entfernt sind, desto weniger wirklich und lebendig sind wir. Etwa so könnte man das mythische Erleben der Zeit zusammenfassen.

Die griechische Tragödie hat dieses Erleben der Raumzeit bewahrt: In jener Zeit (der mythischen, der Zeit des Beginns) ist bereits all das geschehen, was auch jetzt, in der Tragödie, die sich auf der Bühne abspielt, geschieht, insofern nämlich die Geschehnisse, die die Tragödie darstellt, ein Reflex oder die Folge jener Geschehnisse sind. Der Konflikt zwischen Agamemnon und Aigisthos in Aischylos' *Orestie* ist lediglich ein Reflex des Fluchs, der auf dem Haus der Atriden liegt und der sich als ununterbrochener blutiger Konflikt zwischen den beiden Zweigen dieser Familie manifestiert. So ist es auch in den anderen Tragödien des Aischylos, und so ist es auch bei Euripides, wie sehr er sich auch von Aischylos' archaischer Form durch die Interiorisierung der Spannung, d.h. durch die Übertragung des Dramenkonflikts von der Ebene des objektiven Geschehens in die Hauptfigur, entfernt hat. Alles, was in der *Medea* jetzt, in Korinth, geschieht, ist nur ein Reflex, fast würde ich sagen, ein Spiegelbild dessen, was damals, zur Zeit des Anfangs, in Kolchis, geschehen ist: damals, in Kolchis, hat Iason sein Ziel (den Raub des Goldenen Vlieses) mit Hilfe der Tochter des lokalen Herrschers, die sich in ihn verliebt hat, erreicht; jetzt, in Korinth, verwirklicht Iason sein Ziel (Ansehen und Macht in der Stadt, in die er als Flüchtling gekommen ist) mit Hilfe der Tochter des lokalen Herrschers, die sich in ihn verliebt hat. Dabei ist wichtig zu betonen, daß bei beiden Autoren, bei Aischylos und bei Euripides, jene Zeit, die heilige Zeit des Anfangs, wie im Mythos sozusagen buchstäblich gegenwärtig ist, weil sie direkt, als determinierende Macht, in das aktuelle Dramengeschehen hineinwirkt. Medea erinnert Iason geradezu obsessiv an Kolchis und alles, was dort geschehen ist.

Dieses Erleben der Raumzeit hat Sophokles in seinem *König Ödipus* unter gleichzeitiger Beibehaltung fast aller Eigenschaften des mythischen Erlebens revolutioniert, fast auf den Kopf gestellt, indem er einen Chronotopos-Typ einführte, den man, denke ich, analytisch nennen sollte. Auch im *König Ödipus* ist alles in jener Zeit, am Anfang, bestimmt worden, aber der Anfang ist bei Sophokles keine chaotische, ungeschiedene, synkretistische *arché*, sondern eine Reihe von Tatsachen, die der tragische Held erkennen muß, um mit den Grenzen des menschlichen Wissens konfrontiert zu werden. Ich weiß kein weiteres Beispiel für eine derart virtuos gestaltete Ironie: Ödipus ist es gegeben, das Nichtzuerkennende zu erkennen, die mythische *arché*, den Anfang, in dem der Keim aller Ereignisse liegt, ihm ist gegeben, das Ansehen eines Mannes zu erwerben, der fähig ist, alle Rätsel zu lösen, und der alles weiß, aber nur, um zu begreifen, daß er von sich selbst keine Ahnung hat.

Jene Zeit mit all ihren Geschehnissen hat im *Ödipus* eine feste und klare Form, alles ist technisch präzise ausgeführt, meßbar, erkennbar und überprüfbar, so daß sie Gegenstand von Erkenntnis und Kenntnis werden kann und nicht länger Gegenstand des Glaubens bleiben muß wie der mythische Anfang, der ungeschieden, synkretistisch, chaotisch ist. Erinnern wir uns: In Delphi, am heiligen Ort, an dem sich Apollon offenbart, hat der thebanische Herrscher Laios Labdakos die Botschaft (Warnung?) erhalten, er werde von der Hand seines Sohnes sterben; als er einen Sohn bekommt, gibt Laios ihn einem Diener mit dem Befehl, ihn im Kithairongebirge auszusetzen, wo das Neugeborene keine Aussicht hat zu überleben (so verfuhr man in Hellas auch sonst mit unerwünschten Kindern – man setzte sie an einem öffentlichen Ort aus, damit, wer wollte, das Neugeborene mitnehmen konnte, wenn sich jemand fand; aber Ödipus wird von seinem Vater ins Gebirge geschickt, wo niemand ist, der ihn sehen und mitnehmen könnte). Der Diener hat Mitleid und übergibt das Kind einem Hirten aus Korinth, den er zufällig trifft; so gelangt der Kleine nach Korinth und in das Haus der dortigen Herrscher, die ihn adoptieren, weil sie keine eigenen Kinder haben; als junger Mann geht Ödipus nach Delphi, um etwas über seine Herkunft zu erfahren, er hat nämlich inzwischen gehört, daß der korinthische Herrscher Polybos und seine Frau angeblich gar nicht seine leiblichen Eltern sind; das Orakel enthält ihm die Information über seine Herkunft vor, verkündet ihm aber, daß er seinen Vater töten und mit seiner Mutter Kinder zeugen werde; um diesem Schicksal zu entgehen, beschließt Ödipus, nicht nach Korinth zurückzukehren, sondern zu gehen, wohin ihn »die Augen führen«; ohne Ziel einherschreitend, trifft er an einer Weggabelung auf einen alten Mann mit Gefolge: Sie geraten in Streit, und er tötet ihn; in aller Ruhe weitergehend, stößt er auf das Ungeheuer Sphinx und das unlösbare Rätsel, das die Sphinx allen zufällig Vorbeikommenden aufgibt – wenn sie gestehen, daß sie ihr Rätsel nicht lösen können, werden sie von ihr getötet; Ödipus löst das Rätsel und stürzt das Ungeheuer dadurch in den Abgrund; dann geht er in die Stadt, die bis dahin von der Sphinx mit Plagen heimgesucht worden ist; in der Stadt, Theben, empfängt man ihn als Retter und gibt ihm die Belohnung, die dem Retter der Stadt gebührt – den Thron und die Frau des vorherigen Herrschers, von dessen Tod man bereits gehört hat; eine unbekannte Zahl von Jahren herrscht Ödipus glücklich über Theben, seine Frau Iokaste, die Witwe seines Vorgängers, hat ihm unterdessen vier Kinder geboren; aber dann wird die Stadt von neuem Ungemach heimgesucht, von einer Seuche, an der junge Menschen und Tiere sterben, eine Seuche, die die Saat eingehen und die Lebensmittelvorräte verderben läßt; das Orakel von Delphi läßt ausrichten, es gelte, den Mord am vorherigen Herrscher Laios Labdakos zu sühnen, indem man seinen Mörder ausfindig macht und die Stadt von der Sünde reinigt. Der Rest ist bekannt, man muß nicht daran erinnern.

Das Drama des Sophokles beginnt sozusagen am Ende, als der aus drei Generationen thebanischer Ehemänner zusammengesetzte Chor zu Ödipus kommt, um Rat und Hilfe gegen die tödliche Seuche zu suchen. Damit ist praktisch – als einzig mögliches – das analytische Modell zur Organisierung des Dramensujets vorgegeben: um einen Schritt vorwärts zu machen, muß man einen oder zwei Schritte zurück machen, die Versetzung des Sujetgeschehens und seines Verständnisses in die Zukunft ist einzig auf der Grundlage des Verständnisses und der Erhellung des in der Vergangenheit Geschehenen möglich. Und das bedeutet, daß man die Vergangenheit zergliedern und ihre Elemente klassifizieren (im Einklang mit einem logischen Prinzip ordnen) muß. Das beginnt in der zweiten Episodie nach Ödipus' Wettstreit mit Kreon, als Iokaste versucht, ihren Mann zu beruhigen, indem sie ihm am Beispiel ihres ersten Mannes Laios und der Prophezeiung, die er erhalten hat, beweist, daß ein menschliches Wesen keine seherischen Fähigkeiten haben kann. Vielleicht sollte man beiläufig erwähnen, daß diese Szene im kleinen den Typ von Ironie demonstriert, den wir schon auf der Makroebene bemerkt haben. Iokaste, die ihren Mann beruhigen will, sagt nämlich, daß Laios Labdakos an einer Dreiergabelung ermordet worden sei, also an einer Kreuzung, an der sich drei Wege treffen, und bringt Ödipus damit erstmals auf den Gedanken, es sei ja doch möglich, daß er Laios' Mörder ist.

Bis zu dieser Szene ist auch in *König Ödipus* der für die griechische Tragödie vor *Ödipus* charakteristische Chronotopos-Typ offensichtlich – sowohl Zeit als auch Raum sind diskontinuierlich: Beim Raum wird die elementare Trennung des Heiligen (verkörpert in der Opferstätte) vom Sozialen betont und bei der Zeit die Äquivalenz von Vergangenheit und Gegenwart; das heißt die heilige Zeit des Anfangs, des Entstehens (die fruchtbar, synkretistisch ist) entspricht der Zeit der Gegenwart, die ein Reflex der ersteren ist. Auch im *Ödipus* ist bis zur zweiten Episode und Iokastes Versuch, ihren Mann zu beruhigen, die Vergangenheit Ursprung und Ursache der Gegenwart, heilig und deshalb undifferenziert. Das Orakel hat offenbart, daß sich Theben von der Verdammnis befreien kann, wenn es Laios' Mörder entdeckt und bestraft, aber weder im Orakel noch in der Erinnerung der anwesenden Zeugen, der thebanischen Greise aus dem Chor, kündigt sich der Versuch an, diesen Mord oder etwas anderes in der Vergangenheit nur ein wenig präziser zu bestimmen. An die widersprüchlichen Aussagen der Zeugen knüpft die Weissagung des blinden Theiresias an, eine Weissagung, gegründet auf eine Vision und hervorgestoßen im Zorn, so daß sie lediglich eine mythische, eine nicht-rationale Beziehung zur Vergangenheit betont. Im übrigen spricht Theiresias im »seherischen Diskurs« mit vielen paradoxen und rätselhaften Formulierungen, die per definitionem nicht eindeutig zu sein brauchen.

In der zweiten Episodie, wo Iokaste Ödipus tröstet, beginnt eine Operation der Rationalisierung (Analyse) der mythischen Raumzeit, eine eigentümliche Übertragung des mythischen in den analytischen Chronotopos. Entscheidende Wichtigkeit erlangen die mechanischen, meßbaren Zeit- oder Raumeinheiten, die präzise Anordnung der einzelnen Segmente des einen und anderen, die Reihenfolge der Ereignisse und ihr richtiger Platz im Raum, die Zahl der an einem Ereignis Beteiligten und andere technische Einzelheiten, die im mythischen Denken überhaupt nicht vorstellbar sind. Ist Laios Labdakos an einer Kreuzung, dort wo sich zwei Wege schneiden, umgekommen oder an einer Dreiergabelung, wo sich drei verschiedene Wege treffen? Haben ihn Räuber umgebracht oder ein Fußgänger? Ist das vor Ödipus' Weggang aus Korinth geschehen oder danach, einige Tage vor seiner Ankunft in Theben oder nur ein, zwei Tage davor?

Das Sujet des *Ödipus* ist als Ermittlung angelegt, es ist ein Erkenntnisprozeß, in dem einzelne Erkenntnisstufen und Ereignisse miteinander einhergehen. Deshalb sind die Fragen, wie technisch sie auch immer sind oder gerade weil sie rein technisch sind, eigentlich Motive, Impulse, die das Sujet voranbringen, und die Antworten auf diese Fragen sind die Grundbedingung für die Vollendung des Sujets und die gedankliche Abrundung des dargestellten Geschehens. Haben Laios Labdakos Räuber ermordet, wie man in Theben sagt, oder ein Reisender? Wo ist er ermordet worden? Wenn er an einer Kreuzung ermordet worden ist, kann Ödipus nicht sein Mörder sein, weil Ödipus zwar einen wütenden Greis getötet hat, aber an einer Dreiergabelung, dort wo sich die Wege treffen, die in den Süden Richtung Theben, in den Norden nach Daulis und in den Westen Richtung Delphi führen. Wenn es keine Dreiergabelung gewesen ist, ist Ödipus nicht der Mörder, und die Ermittlungen müssen fortgesetzt werden. Das gleiche gilt für die Frage nach der Zahl der Mörder, weil Ödipus allein war, als er den Alten getötet hat; wenn es »Räuber« gewesen sind, kann nicht von ihm die Rede sein.

Der analytische Chronotopos isoliert den Raum aus dem mythischen Synkretismus und überführt ihn dann vom Allgemeinen ins Einzelne, vom Begrifflichen ins materiell Konkrete, er verwandelt den Raum in einen Ort. Das hat Sophokles im *Ödipus* auch getan, indem er den Mord an Laios mit einem ganz konkreten und wahrscheinlich all seinen Zeitgenossen gut bekannten Ort verband – dem Treffpunkt dreier stark genutzter und wichtiger Wege. (Den ästhetischen Wert dieser Entscheidung des Sophokles wage ich nicht zu kommentieren, aber ich kann nicht aufhören, sie zu bewundern. Fast würde ich sie mit jenen Orten in der Geschichte der monotheistischen Religionen vergleichen, die den Ort und/oder das Datum einer Offenbarung konkretisieren: Moses hat auf dem Sinai an dem und dem Ort die Gesetzestafeln bekommen; Mohammed hat in der 27. Nacht des Ramadans in dem und dem Jahr, in der und der Höhle, auf dem und dem Berg die erste Offenbarung erhalten.) Die gleiche Operation führt dieser Chronotopos-Typ mit der Zeit durch, weil man die

Zeit, um sie rational erkennen zu können, in Formen überführen, konkretisieren, meßbar machen und im Einklang mit der Logik der Vernunft ordnen muß. Diese Ordnung, diese Herstellung einer Reihenfolge der Ereignisse, beginnt im *Ödipus* in der zweiten Episodie, als Iokaste den Ursprung und Beginn von allem benennt – die Weissagung, die Laios Labdakos erhalten hat, und sein Versuch, dem ihm bestimmten Schicksal zu entgehen. Alles, was darauf folgt, muß man anordnen, wenn nicht nach dem Modell »Ursache-Folge«, so doch auf jeden Fall nach der elementaren Beziehung »eins geht dem anderen voraus«. Und in diesem Fall, beziehungsweise auch auf dieser Ebene, ist die technische Präzision von entscheidender Wichtigkeit, weil die Ermittlung die Antworten auf die Fragen, die zwangsläufig auftauchen, nur auf der Grundlage einer technisch präzisen Beziehung der Ereignisse in der Zeit liefern kann. Ist Laios Labdakos ermordet worden, während Ödipus noch in Korinth war? Ist er vielleicht umgekommen, als Ödipus von Korinth nach Delphi gegangen ist? Oder einen Tag nach Ödipus' Ankunft in Theben? Oder wenigstens drei, vier Tage vor seiner Ankunft? Eine positive Antwort auf irgendeine dieser Fragen würde Ödipus sowohl vom Verdacht als auch von seiner Verantwortung für Laios' Tod befreien. Die Entfernung zwischen Theben und Delphi beträgt etwa zwei Tage Fahrt mit dem Wagen, das bedeutet, daß man von der Dreiergabelung, an der Ödipus einen alten Mann ermordet hat, ungefähr anderthalb Tage zu Fuß nach Theben braucht – wenn Laios also an dieser Dreiergabelung ermordet worden ist, aber mindestens drei Tage vor Ödipus' Ankunft in Theben, wird ihn nicht Ödipus getötet haben.

Ein ähnliches Maß an technischer Präzision verlangt der

analytische Chronotopos auch bei der Verbindung der Handlungen (Ereignisse) und Personen. Um zu erfahren, ob Ödipus der Sohn von Laios ist, der mit seiner biologischen Mutter Iokaste Kinder gezeugt hat, muß man eine lückenlose Kette der Personen herstellen, die das Neugeborene seinerzeit von Theben über das Kithairongebirge nach Korinth gebracht haben. Wenn sich der Mann, der bezeugen kann, daß er das Kind dann und dann aus den Händen des und des Dieners von Laios entgegengenommen und Meropa, der Frau des korinthischen Herrschers, übergeben hat, in Korinth nicht finden ließe, könnte man wenigstens daran zweifeln, daß Ödipus der Sohn von Iokaste und Laios ist. Aber in Korinth läßt sich dieser Mann finden, gerade ist er von Korinth nach Theben gekommen, um Ödipus mit der Nachricht zu erfreuen, daß nach dem Tod des korinthischen Herrschers Polybos der Thron auf ihn warte. Er kann bezeugen, daß Ödipus mit Meropa und Polybos biologisch nicht verwandt ist, er selbst hat Ödipus im Kithairongebirge an sich genommen und ihn in Korinth dem Herrscherpaar übergeben. Wann immer jemand Ödipus eine frohe Nachricht übermittelt, bringt er ihn dem Verderben einen Schritt näher. Und dann findet sich natürlich auch der Diener, der den Kleinen ins Kithairongebirge mitgenommen hat, um ihn dort auszusetzen, dann aber Mitleid mit ihm gehabt und ihn dem korinthischen Hirten übergeben hat. Muß man erwähnen, daß gerade er im Gefolge des Laios war, als der Alte an der Dreiergabelung umkam, und daß er, als einzig Überlebender, bezeugen kann, daß der alte Herrscher von der Hand eines Reisenden ums Leben gebracht worden ist, an dieser Dreiergabelung, einen Tag vor der Ankunft des Ödipus in Theben...?

John Stuart Mill stellt in seiner *Logik* die Annahme auf, daß ein unendlicher Verstand, der nur einen einzigen Augenblick – sagen wir, dieses Jetzt – in der existierenden Welt vollkommen kennte, auf der Grundlage dieser Kenntnis die ganze Vergangenheit erkennen und die ganze Zukunft zuverlässig vorhersehen könnte, natürlich unter der Bedingung, daß das Kausalitätsprinzip der Wahrheit entspricht. Ich glaube, Mill könnte recht haben, ich glaube, ein Mensch mit einem vollkommenen Verstand könnte die ganze Vergangenheit auf der Grundlage der absoluten Kenntnis eines einzigen Augenblicks erkennen, er könnte aus diesem »Jetzt« alles über jede Sache auf der Welt, außer über sich selbst oder einen anderen Menschen, erfahren. Wenn er sich selbst erkennen wollte, bräuchte er unbedingt andere Menschen, Augen- und Ohrenzeugen, Gesprächspartner. So lehrt es uns zumindest Sophokles' *Ödipus*. Sein Held wußte alles, was ein Mensch wissen kann, er löste die Rätsel der Sphinx, er löste mit seinem Verstand alle Probleme, vor denen er oder seine Stadt standen, der Chorführer sagte ihm, er persönlich und die Mitglieder des Chores hielten Ödipus zwar nicht für göttergleich, aber sicher für den ersten unter den Menschen, doch trotz all seiner Fähigkeiten und Kenntnisse mußte er alles über sich von anderen erfahren. Weil das Subjekt der Erkenntnis, das sich gleichzeitig objektiv als Objekt der Erkenntnis erkennt, in die gefährliche Nähe eines logischen Paradoxons geraten würde? Oder weil sich die Wahrheit des menschlichen Wesens seiner Art nach von der Wahrheit der materiellen Dinge und ihrer Wechselbeziehungen, die man zweifellos mit dem Verstand erkennen kann, unterscheidet? Oder aus einem uns verborgenen Grund?

Wir können es nicht wissen. Sicher ist, daß die Handlung

von Sophokles' Drama in Wirklichkeit die (Selbst-)Erkenntnis seines Helden ist, ebenso sicher ist, daß das Dramensujet wie ein Erkenntnisprozeß aufgebaut ist und an die Grenze des menschlichen Wissens stößt. Ist ein derart aufgebautes Sujet eine eigentümliche Verteidigung des Heiligen in einer Welt, die sich immer radikaler säkularisiert? Im Stasimon (Chorlied) nach der zweiten Episodie konstatiert der Chor: »Nirgends mehr ist Apollon in den Opfern sichtbar. / Hin ist das Göttliche«, und gleich danach, zu Beginn der dritten Episodie, bringt Iokaste Apollon ein Opfer. Diese Opferdarbringung wird im übrigen von jenem Korinther unterbrochen, der die frohe Nachricht vom Tod des Polybos und einem weiteren Herrschertitel für Ödipus bringt. Muß man erwähnen, daß die einzelnen Elemente der Sujetkette in einem aktiven Wechselverhältnis stehen? Daß sich ein neues Sujetsegment zum vorherigen manchmal wie die Folge zur Ursache, manchmal wie ein ironischer Kommentar, manchmal wie eine Negation oder zumindest eine Leugnung, aber immer aktiv und unmittelbar verhält? Dem Klagelied des Chors, daß man Apollon nicht mehr in den Opfern sehe, weil das Göttliche aus der Welt verschwinde, schließt sich das Ritual der Opferung an (die nicht angenommen werden kann, weil eine von einer ungesühnten Sünde gekennzeichnete Frau das Opfer darbringt), und dann wird dieses Ritual durch die Todesnachricht unterbrochen. Ich habe nicht vor zu erklären, welche Bedeutungen diese Sequenz der Sujetkette produziert; das Sujet produziert im übrigen Bedeutungen, die sowohl emotional als auch rational sind, so daß man das Sujet des Dramas nicht eindeutig übersetzen kann, aber es ist, glaube ich, auch ohne meine Hilfe, alles klar genug.

Klar ist zum Beispiel, daß auch diese Sujetsequenz auf die

Grundspannung hinweist, auf der das gesamte Drama aufgebaut ist – die Spannung zwischen zwei Formen des Wissens, zwischen dem synkretistischen, mythischen, religiösen, heiligen Wissen, das die Integrität und die »fruchtbare Unlogik« der Welt bewahrt, einerseits, und dem rationalen, auf Analyse, Differenzierung, Überprüfbarkeit gründenden Wissen andererseits. Diese beiden Formen des Wissens schließen sich nicht aus, sie können sich auch ergänzen: Die eine liefert die Erkenntnis des Mechanischen, des Äußeren, dessen, was sich regelmäßig wiederholt und deshalb überprüfbar ist, die andere vermittelt die Kenntnis des Inneren, Unwiederholbaren, weil Lebendigen, deshalb Unüberprüfbaren, weil das Leben immer nur dieses ist, konkret und unwiederholbar. Solange es sich um das Äußere, Tote, Mechanische und Wiederholbare handelte, konnte der weiseste unter den Menschen über Wissen verfügen, aber als man zum Inneren, Lebendigen, Unwiederholbaren kam, mußte das Heilige helfen, der Glaube, das, was Gegensätze und scheinbar Unversöhnliches in sich vereinen kann wie Feuer und Wasser.

Sophokles' *Ödipus* steht ganz im Zeichen der Ironie, davon war hier bereits die Rede. Diese Ironie konnte nicht verschwinden, nachdem das Drama fertig geschrieben war, sie konnte sich nicht darin einsperren lassen, dafür ist *Ödipus* ein zu gutes Stück. So geschah es, daß dieselbe Ironie, die wir im Drama schon mehrmals bemerkt haben, weiterlebte und auch sein Schicksal bestimmte. Der analytische Chronotopos-Typ, den dieses Drama begründete, gleichsam kreierte, damit es die Grenzen des rationalen Wissens kennzeichnete und seine Unzulänglichkeit bewies, wurde zum Hauptcharakteristikum jenes Genres, mit dessen Entstehung der Rationalismus in der westlichen Kultur endgültig triumphierte. Ich denke an die Kriminalgeschichte, die auf der Überzeugung beruht, daß der Mensch mit seinem Verstand, wenn dieser Verstand nur gut genug ist, imstande ist, alles zu begreifen, was überhaupt existieren, jedes Problem zu lösen, das in der Wirklichkeit auftauchen kann, jedes Geheimnis, jedes Rätsel und alles Undurchsichtige zu erklären. Ironie läßt sich auch aus der Tatsache herauslesen, daß die Kriminalgeschichte, gerade in dieser Form, vom Autor »des Grauens, der Angst und des Geheimnisses«, nämlich von Edgar Allen Poe, geschaffen wurde. Sein Auguste Dupin, der erste moderne Detektiv der westlichen Literatur, ist ein brillanter Logiker, Mathematiker, Denker, der mit seinem scharfen Verstand in der Lage ist, wirklich alles zu sezieren und es danach so gut zu analysieren, daß von einem Geheimnis keine Spur zurückbleibt. (Sogar hinter den Morden in der Rue Morgue entdeckt er äußerst rationale, um nicht zu sagen banale Ursachen.)

Die Kriminalgeschichte ist zum analytischen Chronotopos-Typ verurteilt, d. h. ohne ihn undenkbar, weil Ermittlung per definitionem das Verstehen eines Ereignisses aus der Vergangenheit und die Entdeckung eines bis »jetzt« verborgenen Geheimnisses bedeutet. Insofern ist die Kriminalgeschichte die »technische Fortsetzung« des Dramas von Sophokles, sozusagen sein entfernter Nachkomme, reduziert auf das reine Modell. Sophokles hat, wie wir gesehen haben, das rationale Wissen dem inspirierten gegenübergestellt (nicht um das eine durch das andere auszuschließen, sondern um das Drama auf die Spannung zu gründen, die entsteht, wenn sie einander gegenübergestellt werden), das manifestiert sich auf technischer Ebene als Gegenüberstellung zwischen der differenzierten mechanischen Welt und der integralen, synkretistischen mythischen Welt, als Gegenüberstellung zwischen dem mechanischen Chronotopos und dem heiligen (mythischen?) Chronotopos. Das manifestiert sich ferner, noch immer auf technischer, aber auch auf semantischer Ebene, als Gegenüberstellung zwischen der für den mechanischen Chronotopos charakteristischen Außenperspektive und der Innenperspektive, die in all jenen Chronotopos-Typen möglich ist, die einer diskontinuierlichen, in sich verschiedenartigen Welt Rechnung tragen. (Ich wiederhole, daß mit »Gegenüberstellung« in diesem Fall die Grundlage der Spannung gemeint ist und kein Verhältnis, bei dem das eine Korrelat das andere ausschließt.) Im analytischen Chronotopos der Kriminalgeschichte fehlt jede Spur von jener inneren Spannung der dargestellten Welt: alles ist in der Kriminalgeschichte meßbar, mechanisch und überprüfbar, alles ist verständlich und rational zu erklären, alles ist eine einzige anorganische Welt, die man nur durch rationales uninspiriertes Wissen erkennen und verstehen kann. In dieser Variante des analytischen Chronotopos ist natürlich nur die Außenperspektive möglich, jener Blick von außen, durch den die technischen Tatsachen bei Sophokles verständlich werden. Das andere, das, was man bei Sophokles durch inspiriertes Wissen erkannt hat, gibt es in der Kriminalgeschichte ohnehin nicht, es ist in ihrer Welt gar nicht möglich. Daraus wird wenigstens in gewissem Grade klar, was Sophokles, der Begründer des analytischen Chronotopos, für ein untypischer Autor ist für die Literatur, die in diesem Erleben der Raumzeit gründet, und warum gerade sein *Ödipus* als Beispiel für eine solche Literatur herangezogen wurde. Der analytische Chronotopos-Typ wurde hier, wie übrigens auch alle anderen Typen, am Werk jenes Autors illustriert, der am stärksten von der Regel abweicht, und der, indem er einen Chronotopos-Typ realisiert, äußerst klar sein unwiederholbares, individuelles existentielles Empfinden zum Ausdruck bringt.

Der rituelle Chronotopos

Ein Ritual ist eine Reihe von Handlungen, mit denen ein Kollektiv die kreative Kraft des Anfangs, des Entstehens, des Ursprungs erneuert. In dem Maße, wie sie sich vom Augenblick, in dem sie entstanden ist, entfernt, verliert die Welt Wirklichkeitsintensität, Wahrhaftigkeit, ihren Inhalt, und so erneuert sie, durch zeitweilige Imitation (Aristoteles würde sagen, durch Nachahmung) des ursprünglichen Schöpfungs- oder Entstehensaktes, ihren Inhalt. Es ist klar, daß das Ritual in jedem Detail äußerst formalisiert und präzise definiert sein muß, weil es die uranfängliche kreative Macht evoziert, die die Welt erschaffen hat (aus der die Welt hervorgegangen ist – beide Formulierungen stimmen, weil das mythische Denken keine Notwendigkeit für eine definitive Wahl zwischen dem personalen Gott-Schöpfer und dem pantheistischen »immanenten Gott« sieht), es reißt sie sozusagen aus dem Schlummerzustand. Deshalb muß das Ritual bis in die kleinste Einzelheit jenen ursprünglichen Akt wiederholen, weil jede Abweichung, jeder Fehler, wie winzig auch immer, dazu führen könnte (und wahrscheinlich dazu führen würde), daß sich die kreative Energie, die durch das Ritual gerade befreit oder evoziert worden ist, gegen die Existenz selbst und gegen jenen wendet, der sie befreit hat. Vielleicht würde sie sich nicht »absichtlich« gegen die Existenz wenden, ich glaube nicht, daß dem mythischen Denken die Bestrafung wegen Mißachtung der Prozedur naheliegt, vielmehr geht es darum, daß die Existenz diese kreative (göttliche) Energie nur dann ertragen kann, wenn sie sie durch präzise definierte Ritualhandlungen »unter Kontrolle hält«.

Wenn das Ritual gegenüber dem individuellen Glauben geöffnet oder säkularisiert wird, tritt das Symbolisieren beziehungsweise Bezeichnen an die Stelle der getreuen Nachahmung des ursprünglichen Aktes. Im Katholizismus zum Beispiel nehmen die Gläubigen im Rahmen der Liturgie der Eucharistie, des zweiten Teils der Messe, der der Liturgie des Wortes folgt, die Eucharistie in den Mund, eine hefelose Hostie und Wein, die sich durch Transubstantiation in den Leib und das Blut Jesu verwandeln. Die Verwandlung der Hostie und des Weins, das Wunder der Transsubstantiation, spielt sich im Verborgenen ab, im Körper des Gläubigen, und durch dieses Wunder wird er, der Gläubige, zum Teilnehmer am Abendmahl. Das Ritual der Messe erneuert die heilige Energie des ursprünglichen Aktes, des Abendmahls, das sich in jener Zeit abgespielt hat, und dadurch erneuert es auch die Wirklichkeit der Welt, das, »was die Welt im Inneren zusammenhält«: es erneuert die Existenzgrundlage für das Kollektiv der Gläubigen und für die ganze Welt. Gleichzeitig macht das Wunder der materiellen Wandlung der Eucharistie, die sich im Körper jedes Gläubigen abspielt, ihn persönlich zum Teilnehmer am Abendmahl, erneuert sein ganz persönliches Verhältnis zum Ursprung des Glaubens und der Existenz. Aber auf beiden Ebenen, sowohl auf der kollektiven (rituellen, öffentlichen) als auch auf der persönlichen (verborgenen, intimen), wird mit Symbolen (Worten, Brot und Wein) operiert, die das Ursprüngliche evozieren, anstatt es, wie das »klassische Ritual«, in dem es für den individuellen Glauben keinen Platz gibt, zu imitieren und zu »rekonstruieren«.

Ähnlich verhält es sich mit den säkularen Ritualen, sagen wir, mit den staatlichen Feiertagen in den modernen Gesellschaften. In Paris wird jedes Jahr am 14. Juli durch Rituale die kreative Energie jenes Aktes erneuert, durch den das moderne Frankreich entstanden ist, wie wir in meiner Jugendzeit die Wirklichkeit des Zweiten Jugoslawien an jedem 29. November durch Rituale erneuerten, die an den ursprünglichen Akt seines Entstehens erinnerten. Aber natürlich wird in keinem dieser Fälle das Ereignis nachgeahmt, sondern durch Symbole werden sowohl das Ereignis als auch seine kreative Macht beschworen.

Zwei Eigenschaften von Ritualen dürften hieran deutlich geworden sein. Die erste ist auf den ersten Blick offensichtlich, daß nämlich das Ritual einer in sich geteilten und diskontinuierlichen Zeit Rechnung trägt. An zwei Enden stehen in einem äußersten Spannungsverhältnis die zwei Augenblicke, nach denen, zwischen denen die gesamte Zeit eingeteilt und gestaltet wird. Der erste ist natürlich der Augenblick der Entstehung, der Schöpfung, der Augenblick, dessen Energie erneuert wird, und der zweite ist der jetzige, der Augenblick, in dem wir uns bemühen, mit rituellen Handlungen die kreative Macht des ersten zu erneuern. Jeden 14. Juli wird in Paris mit einem staatlichen Ritual an den Entstehungsakt des modernen Frankreich erinnert, also werden jener 14. Juli (1789) und dieser, an dem wir feiern, zu zwei fixen, sicheren und unersetzlichen Punkten in der Zeit, und die Zeit verhält sich zu ihnen und wird durch sie bestimmt. Diese zwei Augenblicke stehen einander symmetrisch gegenüber und spiegeln sich ineinander fast wie zwei Punkte eines Kreises, die durch einen Durchmesser verbunden sind, wobei die Zeit der Rest des Kreises wäre, nämlich das, was den Abstand zwischen den beiden Punkten ausfüllt. Wahrscheinlich kommt daher die Ahnung, daß das Ritual ein kreis- oder spiralförmiges Bild von der Zeit produziert, wie es Nietzsche in seiner aufregenden Verteidigung des Irrationalen, Heroischen, Rituellen in der Kultur ja auch gesagt hat.

Die zweite offensichtliche Eigenschaft des Rituals ist sein Synkretismus oder seine integrierende Kraft. Tanz, Rede und Musik, die visuellen Elemente und die einzelnen Handlungen der Teilnehmer – all das beteiligt sich gleichermaßen an der Produktion einer Struktur. Claude Lévi-Strauss erklärt in seiner *Strukturalen Anthropologie*, daß die Bedeutung, die der Mythos formuliert und überträgt, über oder unter der Botschaft steht, in der diese Bedeutung gestaltet ist – die mythische Bedeutung bleibt sich gleich, wenn man sie mit einer musikalischen Phrase und einer Zeichnung, einer Geschichte und einem Tanz ausdrückt; den gleichen Gedanken wiederholt er in seinen *Mythologica*, und er gilt bestimmt auch für das Ritual als eine Form der Mytho-Logiken. Mit anderen Worten, das Ritual analysiert nicht, sondern integriert, es differenziert nicht, sondern verbindet. Wie ein Symbol gründet das Ritual auf dem Prinzip »sowohl-als auch« und nicht auf dem Prinzip »entweder-oder«. Wein ist nicht entweder ein alkoholisches Getränk oder das Blut Jesu, oder eine rote Flüssigkeit, die man mit Leben assoziiert, oder ein wichtiger Wirtschaftsfaktor im Mittelmeerraum oder ... Nein, es ist sowohl das eine als auch das andere und all das und viel mehr. Wie in einem säkularen, z. B. staatlichen Ritual ein Element von symbolischem Wert wie etwa eine Fahne sowohl ein gut gefärbtes Stück Stoff von hoher Qualität ist als auch ein Bild, das den Kampf vieler Menschen in das emotionale Gedächtnis ruft, als auch eine ganz persönliche Erinnerung an die aufregenden Momente der eigenen emotionalen Integration in ein kollektives Wir, als auch ein Bild der Heimat und ...

Diese Eigenschaften des Rituals werden oft fast unverändert in die Literatur übertragen, zumindest in die Werke, die auf den Chronotopos-Typ gründen, den ich am liebsten rituell nennen möchte. Es handelt sich um eine Literatur, die hauptsächlich in sogenannten manieristischen Perioden aufkommt, in Epochen der Krisen, in denen verschiedene Weltbilder aufeinandertreffen und aufeinanderprallen, in denen die oft widersprüchlichen Werte und Überzeugungen gleichermaßen überzeugend wirken, in denen das Vergangene und Künftige nebeneinanderstehen und mit gleichem Recht das Attribut des Wahren beanspruchen. Das Komische und das Tragische unterscheiden sich in dieser Literatur nicht eben deutlich, die Charaktere und Funktionen (Handlungen) der Helden sind häufig widersprüchlich, geistige Tiefe und Leere berühren und ergänzen sich oft, Virtuosität und Stümperhaftigkeit charakterisieren ein Werk gleichermaßen. Beim späten Euripides (zum Beispiel in der *Alkestis*) kann man schon ganz deutlich Elemente dieser manieristischen Duplizität erkennen. Herrschen in der *Alkestis* die Elemente der Komödie oder die der Tragödie vor? Eine scherzhafte, aber gleichzeitig die einzig richtige Antwort auf diese Frage wäre: Ja, ganz sicher herrschen sie vor. Ist Herakles in diesem Drama ein Held oder eine komische Figur? Ja, offensichtlich. Er ist natürlich ein Held, was könnte er anderes sein, wo er doch Alkestis aus dem Hades, aus jener Welt, zurückholt, in die sie als Ersatz für ihren Mann Admet freiwillig gegangen ist?! Gleichzeitig wird er in Euripides' Drama geradeso dargestellt, wie ihn der Mimus dargestellt hat – als Vielfraß, Radaubruder, als ein im sozialen Umgang ausgesprochen ungeschickter Mensch, also als betont komische Gestalt, fast eine Karikatur.

Der rituelle Chronotopos ist charakteristisch für die im Manierismus des 16. Jahrhunderts, sagen wir, in der Periode zwischen 1520 und 1640 entstandene Literatur. Die Epen von Tasso und Ariost zum Beispiel wirken oft wie eine unfreiwillige Parodie des klassischen Epos, obwohl sie gleichzeitig sowohl gute als auch ernste Literatur sind, Cervantes' Roman *Don Quijote* verlacht seinen Helden und feiert ihn gleichzeitig hymnisch (es ist kein Zufall, daß gerade Don Quijote im Roman eine lange Betrachtung über das Goldene Zeitalter anstellt), Góngoras Verse sind zweifelsfrei höchste Poesie, aber dennoch oft geradezu komisch wegen ihrer extremen Metaphorisierung. Und regelmäßig sind Zeit und Raum in all diesen Werken diskontinuierlich, sphärisch gestaltet, sozusagen »rituell«. Das rituelle Erleben der Raumzeit ist letztendlich eine Voraussetzung vieler für die Literatur des Manierismus charakteristischer Unterfangen. Hätten sich Ariost und Tasso etwa an die Erneuerung der Form des heroischen Epos gemacht, wenn sie nicht geglaubt hätten, man könne etwas, in diesem Fall die literarische Form, völlig erneuern, mit allem, was damit einhergeht (Wirkung, Kontext, Zeit, Ambiente, Kommunikationsformen)?

Ein charakteristischer Schriftsteller des rituellen Chronotopos ist Pedro Calderón de la Barca; jedenfalls kenne ich keinen anderen Schriftsteller, der diesen Chronotopos-Typ in seinen Werken so konsequent und in diesem Maße »modellhaft rein« verwirklicht hätte. *Die Tochter der Luft* ist ein gutes Beispiel für den rituellen Chronotopos, *Das Leben ein Traum* vermutlich ein noch besseres, es ist ein Stück, das man als Vorbild für diesen Typ der Raumzeit ansehen könnte.

Wie das Ritual gründet Calderóns Stück *Das Leben ein Traum* auf einem Verhältnis umgekehrter Symmetrie zwischen zwei Punkten in der Raumzeit, die sich (die Symmetrie) auf Personenpaare und Sujetsegmente überträgt. Der polnische König Basilius ließ seinen einzigen Sohn Sigismund in einer wilden Gegend einkerkern, weil das Horoskop des Sohnes vorhergesagt hatte, er werde seine Mutter umbringen, sein Vater werde vor ihm im Staub liegen, er werde unbändig wie ein Tier sein. Daß die Mutter bei der Geburt starb, überzeugte ihn davon, daß das Horoskop zutraf, und so ließ er seinen Sohn wegschaffen, um das Eintreffen der anderen Drohungen zu verhindern. Da sich seine letzten Tage näherten, mußte sich Basilius um einen Nachfolger kümmern, er forderte seine Neffen Astolf und seine Nichte Estrela auf, die Macht zu übernehmen, falls sich herausstellen sollte, daß Sigismund dem entsprach, was das Horoskop angekündigt hatte. Er ließ Sigismund einschläfern und an den Hof schaffen. Er befahl, ihm die volle Wahrheit zu sagen und ihm während eines Tages die ganze Macht zu lassen. Während dieses Tages zeigte sich, daß das Horoskop weitgehend recht hatte, der Vater ließ seinen Sohn in die wilde Gegend zurückbringen und erneut in Fesseln legen, so daß der Sohn nun nicht wußte, ob er ein gefangenes Halbtier war, das zu herrschen geträumt hatte, oder ein Herrscher, der träumte, er sei ein gefangenes Halbtier. Das Drama gründet offensichtlich wie das Ritual auf der Spannung, die zwischen dort und hier, früher und jetzt, zwischen Freiheit und Notwendigkeit, Wunsch und Wirklichkeit entsteht.

»Dort« ist in *Das Leben ein Traum* die felsige Gegend, die Festung, die einer Höhle gleicht und sich nicht klar von einer Felswand unterscheidet, »dort« ist Sigismund, dem natürlich seine von schicksalhaften Zeichen und Ereignissen begleitete Geburt anhängt (seine Mutter starb, als sie ihn gebar, und die Geburt ging mit einer blutigen Sonne, einem Erdbeben und einem verdunkelten Himmel einher). »Hier« ist der Hof und die mit ihm verbundene hohe Kultur, »hier« ist Sigismunds Vater, König Basilius, der erste Weise und Gelehrte seiner Zeit, »hier« ist die Angst vor dem, was die Sterne über Sigismund noch vor dessen Geburt vorhergesagt haben und was sich bei der Geburt zum Teil bewahrheitet hat. »Dort« ist in mehrfachem Sinne und auf mehreren Ebenen eine andere, ferne Welt, in Raum, Zeit, ihren Eigenschaften und ihrem Aufbau weit weg von dieser hier. Die Verbindungen zwischen diesen Welten sind vielfältig, aber die einzige wirkliche »materielle« Verbindung ist Clotald, Basilius' Höfling und Vertrauter, der die Festung für Sigismund gebaut, ihn dorthin gebracht und gefesselt hat; ununterbrochen kümmert er sich um sein Überleben und seine Bildung, als einziger besucht er ihn und unterhält sich mit ihm. Alle anderen Verbindungen sind indirekt, wie es die starke Spannung, die aus der umgekehrten Symmetrie und der Mischung von Liebe und Angst hervorgeht, die verwandtschaftlichen und schicksalhaften Verbindungen, die gleichzeitige Sehnsucht und Ablehnung der zwei Welten sind.

Beide Welten sind natürlich in sich doppelt, ungeschieden, widersprüchlich und unklar, wie es auch den synkretistischen Welten des Rituals und des manieristischen Theaters entspricht. Sigismunds Behausung ist eine Festung, die sich kaum von einer Höhle unterscheidet, also ein Ambiente, das gleichzeitig Natur und Kultur, ein Gebilde der Natur und ein menschliches Bauwerk ist. Sigismund selbst ist, im Einklang mit seinem Aufenthaltsort, ein in Felle gekleideter

Mensch, unkontrolliert und impulsiv, ein Mittelding zwischen Mensch und Tier, wie er übrigens auch selbst sagt (»Hier ein Mensch ich bin der Tiere /Ich ein Tier der Menschen bin« I,2). Nebenbei sei bemerkt, daß das, nach allem zu urteilen, das Lieblingsmotiv von Calderón ist, weil auch Semiramis in *Die Tochter der Luft* eine Doppelnatur ist, Mensch und Tier zugleich. In dieser Welt, am Hofe, ist diese Duplizität weniger betont und offensichtlich, aber deshalb nicht weniger wirklich. König Basilius, der weiseste Mann seiner Zeit, hat sich von seinem einzigen Kind losgesagt, weil das bei Sigismunds Geburt erstellte Horoskop vorhergesagt hat, daß der Vater vor ihm im Staub liegen werde; er ist ein milder und maßvoller Herrscher, aber sich selbst und besonders seinem Sohn gegenüber hat er weder Milde noch Maß gezeigt. Und so verhält es sich auch mit seinem nächsten Mitarbeiter Clotald, der zweifellos ein weiser und ehrbarer Mann ist, den allerdings weder Weisheit noch Ehre daran gehindert haben, seine Frau und seine Tochter unehrenhaft im Moskauer Fürstentum sitzenzulassen, wie sie ihn auch nicht daran gehindert haben, auch Clarín in Sigismunds Festung einzusperren, nur weil er ihm auf die Nerven gegangen ist. Die Widersprüchlichkeit, die innere Duplizität dieser Welten, zeigt sich buchstäblich in der Gestalt Rosauras, weil sie in der Festung ihrer Natur nach ein Doppelwesen ist, als eine in einen Mann verkleidete Frau, und am Hof ist sie ihrem Sozialstatus nach ein Doppelwesen, als arme Gesellschafterin unbekannter Herkunft, die gleichzeitig die Tochter des Kanzlers ist.

»Dort« und »hier«, d.h. »damals« und »jetzt« sind die einzige Wirklichkeit, dazwischen gibt es weder Raum noch Zeit und dementsprechend auch nicht irgend etwas anderes. Zwischen Sigismunds Einkerkerung und dem Jetzt des Dramas (dem Augenblick, wo das Drama beginnt) ist eine gewisse Zeit verronnen, aber es ist eine offensichtlich leere Zeit, weil sich das Dramengeschehen auf das Damals und das Jetzt stützt. Kein einziges Ereignis, keine einzige Erinnerung, buchstäblich nichts aus dieser Zwischenzeit wird im Drama erwähnt. Und so verhält es sich auch mit dem Raum. Zwischen dem Dort und dem Hier, Sigismunds Festung und dem Hof, scheint es nichts zu geben. Den Weg von dort hierher kann allein Clotald normal zurücklegen, die anderen legen ihn entweder mit verbundenen Augen zurück, wie Rosaura und Clarín, oder im Schlaf, wie Sigismund. Jedenfalls kann das, was zwischen der Festung und dem Hof liegt, niemand sehen, niemand außer Clotald hat es gesehen, und das ist, als ob es das alles nicht gäbe. Kann die rituelle Diskontinuität der Raumzeit expliziter ausgedrückt werden?

Die umgekehrte Symmetrie als Prinzip des Dramenaufbaus ist auch bei der Figurenkonstellation und -funktion offensichtlich. Dem zentralen Paar Vater – Sohn (Basilius – Sigismund) entspricht das umgekehrt symmetrische Paar Vater – Tochter (Clotald – Rosaura). Sowohl die Ähnlichkeiten als auch die Unterschiede (Gegensätze) der zwei Paare sieht man auf den ersten Blick: beide Väter haben sich gegenüber ihren Kindern grausam und ungerecht verhalten, beide bemühen sich jetzt, zumindest einen Teil wiedergutzumachen, beide sind angesehene, milde und ehrbare Männer, die all das nur nicht ihren Kindern gegenüber sind; der König hat seinen Sohn einkerkern lassen, Clotald hat seine Tochter gefangengenommen, weil er sie bei einem Gespräch mit dem Eingekerkerten ertappt hat; aber auch die Gegensätze sind auffällig und bezeichnend, angefangen damit, daß ein Nachkomme eine Tochter und der andere ein Sohn ist, bis hin zu der absurden Tatsache, die die Ordnung der Welt auf den Kopf stellt, daß sich die Kinder kennenlernen, bevor auch nur eines von ihnen seinen Vater kennengelernt hat. Rosaura und Sigismund lernen sich gleich am Anfang des Dramas kennen, in dem Moment, den man als Gegenwart des Dramas bezeichnen müßte, in jenem Augenblick und bei jenem Stand der Dinge, von dem das Dramengeschehen seinen Lauf nimmt, und bis dahin hat nicht einer von ihnen seinen Vater gesehen. (Es ist schade, daß Calderóns Drama nicht den Umstand genutzt hat, daß die beiden jungen Leute, Rosaura und Sigismund, am Anfang ohne Familie und ohne Herkunft, sozusagen reine Natur sind, unberührt von all dem, was Kultur und Gesellschaft dem Menschen geben und aufdrängen. Der Beginn des Dramas insistiert sehr darauf, Rosaura ist jenseits jeden Geschlechts, weil sie gleichzeitig Frau und Mann ist, und Sigismund ist jenseits jeder biologischen Art, weil er Mensch und Tier in einem ist, aber das scheint in dem Moment vergessen, wo Rosaura an den Hof gelangt.)

Das Prinzip der umgekehrten Symmetrie bestimmt auch den Sujetaufbau sowie das Verhältnis der Perspektiven, also das Verhältnis von Innen- und Außenperspektive im Drama. Die Innensicht alterniert fast regelmäßig mit der Außensicht, die emotional gefärbte Äußerung mit der neutralen Äußerung, die lediglich eine Information übermittelt, das Dramatische mit dem Komischen. Deshalb verflechten sich das Komische und Dramatische in *Das Leben ein Traum* buchstäblich: nicht nur, daß sie sich berühren und gegenseitig kommentieren, sondern sie gehen auch oft ineinander über, so daß die betont dramatischen Ereignisse oder Handlungen fast regelmäßig auch komisch sind. In der sechsten Szene des zweiten Aktes z. B. ist Sigismund, der bereits am Hofe weilt, begeistert von der Schönheit Estrelas und wendet sich an sie, wie man sich nicht an eine Dame bei Hofe wenden sollte; einer der Höflinge macht ihn darauf aufmerksam, und auf den wütenden Einwand des Prinzen, daß er sich zuviel erlaube, antwortet der Höfling: »Was Recht ist, sag' ich, And'res nicht« (II,6), und dann erinnert er Sigismund daran, daß gerade er kurz vorher gesagt hat, man müsse den Autoritäten nur dann folgen, wenn sie gerecht seien. (»Du sagtest, daß nur in gerechten Dingen man müßte Dienst und Folge leisten.«) Dieser moralische und weise Gedanke veranlaßt den Prinzen, den Höfling, der ihn ausgesprochen hat, aus dem Fenster zu werfen. Nicht meine Neigung zum grotesken Humor hat dieser Szene (die zweifellos sehr dramatisch und spannungsvoll ist) Komik zugeschrieben, ihre Komik betont auch der Autor (bzw. die Außensicht), der in den Spielanweisungen am Ende der Szene anmerkt: (»Er faßt ihn in die Arme und trägt ihn hinaus. Die Anderen, bis auf Astolf und Estrela, folgen ihm, und kommen hernach mit ihm zurück.«) Man braucht nicht viel visuelle Phantasie und Theatererfahrung, um sich in die rohe Jahrmarktskomik dieser Szene einzuleben – der Prinz trägt den weisen Höfling, der sich wehrt und zappelt, auf den Armen, auf dem Fuße gefolgt von einer Menge geachteter Höflinge, wirft ihn aus dem Fenster und kommt dann zurück, immer noch in Begleitung der Angesehenen, reduziert auf eine Masse wie eine Figur beziehungsweise eine Dramenfunktion. Daß Estrela und Astolf an ihren Plätzen bleiben und den Prinz nicht begleiten, bestätigt nur meine Überzeugung, daß es sich hier um durchaus beabsichtigte Komik handelt, weil die beiden Liebende sind, sie gehören der Welt der Komödie und des Lachens nicht an, was auch ihre offensichtlich der Pastorale entlehnten Namen bezeugen.

Diese Ambivalenz der meisten Auftritte in Calderóns Drama, ihre gleichzeitige Dramatik und Komik, wird vielleicht noch besser an der qualvollen Szene illustriert, in der Sigismund aufs neue und Clarín zum ersten Mal in Fesseln gelegt werden. Der betäubte und eingeschläferte Sigismund wird in Fesseln gelegt, und der Hanswurst Clarín, der das sieht, wünscht ihm traurig, daß er nicht aufwachen möge, weil ihm in diesem Fall die Einsicht erspart würde, daß der Glanz, der ihn umgeben hatte, nur der Schatten des Lebens und das Licht der Todesfackeln gewesen war. Der genervte Clotald befiehlt daraufhin, auch ihn in Fesseln zu legen, und Clarín sagt zu ihm: »Mich in den Thurm? Wo denkt Ihr hin?/ Ihr irrt Euch, Herr! Ich bin Clarín, / kein Prinz. – Ich in den Thurm! So großer Ehre / Bin ich wahrhaftig gar nicht wert.«III,7. Und darauf folgt eine Szene, in der sich Qual und Komik mischen, in der das gute mit dem zynischen Lachen abwechselt und schließlich Lachen und Entsetzen: der verkleidete König Basilius und sein Vertrauter Clotald beobachten das Erwachen des in Fesseln gelegten Sigismund und lauschen voll Verständnis, Milde und guter Absichten seinem Philosophieren über das Leben als Traum, seinem Bemühen, das, was ihm zugestoßen ist und weiterhin zustößt, zu verstehen.

Das Ernste und Lächerliche, das Dramatische und Komische, die neutrale Äußerung und der Spott, das Lob und der Hohn lassen sich in Calderóns Drama fast nicht voneinander trennen und unterscheiden. Geradeso wie man dort und hier, jene und diese Zeit, die Höhle bzw. die Festung und den Hof nicht voneinander trennen und unterscheiden kann. Nur im ersten Akt ist der Hof nicht ständig in der Höhle gegenwärtig, aber dafür ist die Höhle bzw. Sigismunds Festung ständig am Hof gegenwärtig, von der ersten Szene an, in der der Hof auftaucht. Wie in jedem Augenblick der dramatischen Gegenwart die Vergangenheit gegenwärtig ist, d. h. die Zeit des Beginns, so ist das ganze Dramensujet ein Bericht über das Bemühen, das Verhältnis dieser zwei Zeitabschnitte so zu ordnen, daß die Gegenwart aus der Zeit des Anfangs Wirklichkeit schöpfen kann, ohne dabei von der Energie des Anfangs zerstört zu werden. Alles, was man auf der Bühne sehen kann, als Teil des Ambiente oder als Handlung, ist mehr als es selbst, weil es in gewisser Weise auch etwas von jener symmetrischen Welt in sich einschließt, wenigstens die Anspielung oder Erinnerung an jene Welt – jedes Element dieses Hier und Jetzt erinnert zumindest an jenes Dort und Damals, assoziiert es, wie sich zwei symmetrische Gegenstände in der Regel gegenseitig assoziieren. Das Dort und Hier, dieser und jener Augenblick verweisen in Calderóns Drama zwangsläufig aufeinander, weil nichts zwischen ihnen ist, sie sind die einzige Wirklichkeit, gespalten in zwei umgekehrt symmetrische Welten.

Die Verbindung der zwei Welten und ihre Versöhnung, wenn schon nicht Vereinigung, wird in Calderóns Drama wie in den monotheistischen Religionen verwirklicht, indem die rituelle Handlung durch das Symbol, der wirkliche Inhalt durch seine »Hypostasen« ersetzt wird, denen der Stellenwert des wirklichen Inhalts zugeschrieben wird. König Basilius kniet sich am Ende des Dramas vor seinem Sohn in den Staub, und dieser richtet ihn sogleich auf und erklärt ihn zu seinem König und Vater, zudem überhäuft er ihn mit Zeichen der Verehrung. So hat sich auf symbolischer Ebene die Weissagung erfüllt – Sigismund hat seine Mutter getötet (die bei der Geburt gestorben ist), und der Vater lag vor ihm im Staub, ohne daß das Leben und die Leute, denen es geschenkt ist, durch die Gewalt des »mythischen Anfangs« zerstört worden wären. Ich weiß nicht, wie ernst die Versöhnung der zwei Welten am Ende von *Das Leben ein Traum* gemeint ist und wie ehrlich Sigismunds Äußerungen der Verehrung sind, die er an den König richtet, aber ich weiß, daß in allem, was er in dieser Szene sagt und tut, mehr Gleichgültigkeit ist als sonst etwas. Er überläßt Rosaura Astolf, obwohl ein paar Szenen zuvor zweifellos gezeigt wurde, daß er sie liebt, er überschüttet den Alten, der ihn zu einem Leben im Kerker verurteilt hat, um sich vor einer möglichen Drohung zu schützen, mit Lob, er ist wahrscheinlich zu allem bereit, nur um ein neuerliches Erwachen zu vermeiden. Und der Leser Calderóns fragt sich, was besser ist, ein schreckliches Erwachen oder Sigismunds Gleichgültigkeit, die noch ein wenig schlimmer scheint als jedes Erwachen.

Eine Ausnahme

Ein Charakteristikum von Calderóns Drama, das, hoffe ich, in der vorangehenden flüchtigen Analyse wenigstens teilweise erhellt wurde, ist die betonte Dissoziation von innerer und äußerer, subjektiver und objektiver Perspektive. Sagen wir, die Innenperspektive, also die Sicht auf die Dinge mit den Augen einer Gestalt, wird im Drama durch die Äußerungen der betreffenden Gestalt über ihre Absichten, Wünsche, Ziele und natürlich auch durch ihre Äußerungen über die anderen Gestalten, über Ereignisse, Ideen, Überzeugungen ausgedrückt. Die Außenperspektive würde sich in diesem Fall in den Spielanweisungen zeigen, den Anmerkungen des Autors zu dem, was geschieht, zur Art, auf die eine Replik auszusprechen ist, zur Kleidung, die eine Gestalt trägt, oder zu den Dingen, die einen Raumabschnitt füllen und damit definieren, aber auch in den Äußerungen der Gestalten über eine andere Gestalt, weil auch dadurch der Blick von außen zum Ausdruck gebracht wird. Wenn König Basilius, sagen wir, über seine Angst vor den mit Sigismund verbundenen Weissagungen spricht und von seinem Wunsch, das Volk und das Land von den Greueln, die diese Weissagungen ankündigen, zu verschonen, haben wir es mit der Innenperspektive zu tun – eine Gestalt spricht über ihre Absichten und Wünsche, erklärt ihre Handlungen, äußert ihre Sicht auf die Dinge; wenn Clotald über seinen König spricht, haben wir es natürlich mit der Außenperspektive zu tun, wie auch dann, wenn über denselben König sein Sohn Sigismund spricht, der über seinen Vater aus gutem Grund viel weniger Gutes sagt als Clotald. Die objektive Perspektive im Drama drückt das Sujet aus, das ein Verhältnis (eine Balance, ein Maß) zwischen der inneren und der äußeren herstellt, weil es sowohl die eine als auch die andere in sich integriert.

Ich hoffe, wie gesagt, daß in dieser flüchtigen Analyse von Calderóns Drama deutlich wurde, wie die Innen- und Außenperspektive, die subjektive und objektive Welt in *Das Leben ein Traum* auseinandergehen. Wir haben keinen Grund, an der Ehrbarkeit und an den guten Absichten von Clotald und seinem König zu zweifeln, aber ihre Taten sagen, daß sie Diktatoren oder etwas noch Schlimmeres sind. Sigismund tut am Ende des Dramas lauter gute Dinge, als wollte er sich den Weg ins Paradies damit pflastern, aber es ist fraglich, ob er in diesem Augenblick überhaupt noch Absichten, Wünsche, einen eigenen Blick auf die Dinge hat. Er selbst definiert im übrigen seinen Zustand als Traum und merkt an, daß sein wichtigstes, wenn nicht sein einziges Ziel sei – nicht aufzuwachen.

Die Disharmonie von innerem und äußerem Blick auf die Dinge, von subjektiver und objektiver Welt ist eines der ausgeprägtesten Charakteristika der auf den rituellen Chronotopos gegründeten Literatur. Bei einem wichtigen Vertreter dieser Literatur, Heinrich von Kleist, ist diese Disharmonie auf jeden Fall in eine unüberbrückbare Spaltung übergegangen. In einigen Erzählungen (vielleicht am offensichtlichsten in *Die Marquise von O.*) und im Drama *Prinz Friedrich von Homburg* hat Kleist eine spezifische Form des rituellen Chronotopos verwirklicht, die sich hinreichend von allen anderen unterscheidet, so daß jedes Nachdenken über diesen Chronotopos-Typ unvollständig wäre, wenn es das Werk von Kleist nicht berücksichtigen würde.

Schon die erste Szene des *Prinzen Friedrich von Homburg* zeigt eine radikale Spaltung von Innen und Außen, sowohl hinsichtlich des Blickes auf die Welt als auch hinsichtlich der Welt selbst. Die Bühne versammelt in sich (man kann nicht sagen, vereinigt, das am wenigsten) einen Garten, ein Gebäude und eine Rampe, die vom Gebäude wie ein ungewöhnlicher Weg hinunterführt, zum Garten. Die Opposition Innen – Außen erscheint ausgesprochen harmonisch: aus dem Gebäude (innen) führt eine Tür auf die Rampe, die das Gebäude und den Garten (außen) verbindet, so daß das innere und das äußere Raumsegment durch ein vermittelndes Segment, die Rampe, verbunden sind, das den Austausch, d.h. jede Art von Kommunikation, zwischen ihnen ganz einfach macht. Auf technischer Ebene läuft es auch so ab, weil aus dem Gebäude, aus dem Inneren, der Kurfürst, seine Frau und seine Nichte Natalie, der Graf von Hohenzollern und andere Höflinge herauskommen, die Rampe hinunter in den Garten gehen und Prinz Friedrich von Homburg dabei zusehen, wie er sich im Halbschlaf, unter einer Eiche, einen Lorbeerkranz windet. Aber der Austausch bleibt auf der rein technischen Ebene, er führt nicht zur Kommunikation, zum Verständnis, zu irgendeiner Form der Vereinigung, wie indirekt und symbolisch sie auch sei. Sogar die Kommunikation verläuft, auf rein technischer Ebene, als purer Informationsaustausch, ohne Probleme, weil sie alle den Prinzen von Homburg ganz deutlich sehen, sie sehen und wissen, was er tut, er sieht sie, obwohl er sie in seinem Halbschlaf für eine Vision hält, und erkennt, was sie tun, so daß er sich auch im Wachzustand an das erinnert, was im Garten unter der Eiche geschehen ist. Aber diese Kommunikation produziert vor allem Mißverständnisse, vielleicht noch etwas, aber Mißverständnisse und einen Konflikt zwischen der inneren Welt des Helden und der äußeren auf jeden Fall. Sie alle haben nämlich ungefähr das gleiche gesehen, alle haben sich ungefähr das gleiche Geschehen gemerkt, alle würden ungefähr das gleiche bezeugen, aber wie sie dieses »Gleiche« erlebt haben, entfernt sie so sehr voneinander, daß sie verschiedene, unversöhnliche Welten bilden.

Der Prinz von Homburg ist unter der Eiche im Garten des Schlosses Fehrbellin eingeschlafen, hat dann im Zustand des Halbschlafs angefangen, einen Lorbeerkranz zu winden, und mit dieser Handlung drückt er die tiefste Sehnsucht seiner Seele aus, eine Sehnsucht, die er sich selbst nicht bewußt gemacht hat und die er um keinen Preis aussprechen würde, nicht einmal sich selbst gegenüber. Graf Hohenzollern lädt den Kurfürsten und seine Begleitung ein, ihnen den Sonderling Homburg zu zeigen, der, nach allem zu urteilen, ein

Nachtwandler ist (er fällt hin, wenn man ihn bei seinem Namen ruft, wie in der vierten Szene des ersten Aktes, er verrichtet im Schlaf komplizierte Handlungen und bewegt sich, geradeso wie es im traditionellen Glauben die Nachtwandler tun), und diese nehmen die Einladung an, sicher, daß Homburg in ihren Augen nicht geringer erscheinen wird, wenn er ein Nachtwandler ist. Angetrieben von einem unerklärlichen Impuls, nimmt der Kurfürst den Lorbeerkranz aus Homburgs Händen, wickelt die goldene Kette von seinem Hals darum und gibt den Kranz Prinzessin Natalie, damit diese ihn Homburg überreiche. Bevor der Träumer den Kranz ergriffen hat, beginnen sich alle über die Rampe zum Schloß zurückzuziehen, aber Homburg gelingt es, den linken Handschuh von der Hand der Prinzessin zu erfassen.

Samuel T. Coleridge nimmt in einer Notiz an, ein Mann habe im Traum das Paradies besucht und von dort eine Blume mitgenommen, als Erinnerung und Beweis, daß er dort war. Als er in seinem Bett erwacht, hat der Mann noch immer jene Blume in der Hand, sagt Coleridge, und dann fragt er sich und uns – was dann? Nichts, würde, nehme ich an, Kleist antworten, die Probleme beginnen viel später, dann, wenn der Mann seine Paradiesblume den anderen zeigt und diese in der wundersamen Blume eine ganz gewöhnliche Ringelblume erkennen, wie man sie in jedem Garten pflücken kann, der nicht genug gepflegt ist. Genau das ist dem Prinzen von Homburg passiert. Der Kurfürst, die Prinzessin und die anderen haben sich zurückgezogen, überzeugt, einen schönen und harmlosen Scherz gemacht zu haben. Während er unter der Eiche, in seinem Schlaf, zurückgeblieben ist, mit dem Handschuh, den er in diesem Schlaf erfaßt hat. Kleist hat also keine Probleme mit der Existenz des Paradieses und verliert keine

Zeit damit, sie zu beweisen, seine Frage ist, wie man das Leben in dieser Welt ertragen kann, mit dem Bewußtsein, daß es das Paradies gibt und daß man es womöglich erfahren könnte. (Vielleicht sogar mit der Erinnerung an das Paradies? Das würde eine offensichtliche Verbindung zwischen Kleist und seinem großen Schüler Kafka herstellen, die Helden Kafkas erinnern sich an die »normale Welt«, erwarten »Normalität«, und deshalb wirken sie so seltsam in der Welt seiner Prosa.)

Das sieht man auch daran, daß *Prinz Friedrich von Homburg* unbestreitbare rationale Erklärungen für wirkliche, objektive Wunder anbietet, während er das, was sich im Menschen abspielt, und die Gründe dafür im Dunkeln läßt, sozusagen in die Welt des Geheimnisses rückt. In der ersten Szene des ersten Aktes fragt der Kurfürst, von was für Zweigen Homburg seinen Kranz winde, und vermutet, daß es sich um Weidenzweige handle. Darauf folgt diese Antwort: »*Hohenzollern*. Was! Laub der Weid, o Herr! – Der Lorbeer ists, Wie ers gesehn hat, an der Helden Bildern, Die zu Berlin im Rüstsaal aufgehängt. *Der Kurfürst*. – Wo fand er den in meinem märkschen Sand? *Hohenzollern*. Das mögen die gerechten Götter wissen! *Der Hofkavalier*. Vielleicht im Garten hinten, Wo der Gärtner Mehr noch der fremden Pflanzen aufzieht.« Für ein noch größeres Wunder, nämlich die Auferstehung des Kurfürsten, bietet das Drama eine ebenso überzeugende wie logische Erklärung an – der treue Stallmeister Froben hat mit dem Kurfürsten die Pferde getauscht, so daß auf dem Schimmel des Kurfürsten er und nicht der Kurfürst fällt (II,8). Nein, es ist kein Problem, Wunder zu verstehen und zu erklären, das Problem ist, das zu verstehen, wonach wir gar nicht fragen, vielleicht weil wir es implizit voraussetzen, vielleicht weil wir es gar nicht bemerken. Warum hat der Kurfürst seine Kette um den Lorbeerkranz gewikkelt und Prinzessin Natalie gebeten, ihn Homburg auszuhändigen? Um einen Scherz zu machen, das ist klar, aber was hat ihn gerade zu diesem Scherz bewogen? Warum träumt gerade der Prinz von Homburg vom Ruhm des Sieges nach dem Vorbild der antiken Helden? Warum verstehen die Leute um ihn herum, Aristokraten, Soldaten und gebildet wie er, ihn und seinen Traum nicht? Warum reduziert sich sein Geist vor dem offenen Grab auf die nackte Angst, und warum erneuert sich vor dem Gesetz, beziehungsweise der Möglichkeit zu wählen, sein geistiges Wesen in all seiner Vielschichtigkeit? Nicht auf eine dieser Fragen gibt es in dem Drama, das Wunder wie eine Auferstehung erklärt, eine Antwort.

Es ist wichtig, darauf hinzuweisen, wieviel Aufmerksamkeit das Drama der Sache mit den Wundern widmet. Zuerst wird eine Frage ausgesprochen, auf die wahrscheinlich keiner der Leser käme, weil die Art des Laubes in dem Kranz für den Gang des dramatischen Geschehens völlig bedeutungslos ist, nämlich woraus der Prinz von Homburg seinen Kranz windet, und dann wird die Sache in einem erschöpfenden Dialog erklärt, in dem man darauf insistiert, daß der Kranz aus echtem Lorbeer ist. Warum braucht das Drama die Problematisierung und dann die rationale Erklärung der Frage nach der Art des Laubes? Ich glaube, es gibt mehrere mögliche Antworten, und ich glaube, jene, die mir als erste in den Sinn kommt, ist nicht die am wenigsten zutreffende – das ist notwendig, damit im Drama eine logische, rationale, erklärbare Außenwelt aufgebaut wird, weil erst im Verhältnis zu ihr die geheimnisvolle, unbegreifliche, oft nicht-rationale Innenwelt des Menschen literarisch artikuliert werden kann.

Vielleicht zeigt sich das noch deutlicher im Zusammenhang mit dem anderen erwähnten Wunder. Vom Ende des zweiten Aktes an wird die Gestalt des Kurfürsten systematisch »divinisiert«; er ist erst gefallen, dann wieder auferstanden (II,6 und 7), danach entscheidet er über Leben und Tod des Prinzen von Homburg, in den Äußerungen verschiedener Gestalten wiederholen sich beharrlich Formulierungen, die dem Kurfürsten eine göttliche Position zuschreiben. So redet zum Beispiel der Prinz von Homburg im Gespräch mit Hohenzollern zweimal über den Kurfürsten, wie man nur über Gott redet (»Bin ich nicht alles, was ich bin, durch ihn; Auf mein Gefühl von ihm« III,1), Prinzessin Natalie spricht ihn als »mein höchster Herr und Freund« an (»Dies flehe ich dich, mein höchster Herr und Freund« IV,1), und der Feldmarschall verkündet, daß überall der Wille des Kurfürsten herrsche (»Herr, ich beschwöre dich, wenn es überall Dein Wille ist« V,3). All das weist natürlich nur auf seine menschliche, allzumenschliche Natur hin, sagen wir, auf die Tatsache, daß er die heroischen Träume seines jungen Verwandten und heldenhaften Heerführers nicht versteht. Aber natürlich läßt sich die Aura des Göttlichen nicht ganz von seiner Gestalt lösen, nicht weil ihn die anderen Gestalten so sehen, sondern weil er das Haus des Gesetzes ist – solange er dem Gesetz dient und in seinem Namen handelt, ist er eine Art Hypostase des Göttlichen. Und gerade auf dieser Duplizität seiner Natur gründet der symbolische Wert, den die Gestalt des Kurfürsten hat. Vielleicht wäre es im Zusammenhang mit dem Kurfürsten sogar treffender, über ein Symbol zu sprechen als über eine Gestalt im klassischen Sinne dieses Wortes, weil sowohl er als auch die Dramenhandlung betonen, daß er völlig anonym handelt – als das Gesetz und im Namen des Gesetzes (der Ordnung, der Gesellschaft, des Kosmos gegen die Unordnung, das Individuelle, das Chaos). Er hebt seine Liebe zum Prinzen von Homburg stark hervor, hat ihn aber vor das Kriegsgericht gebracht und zum Tode verurteilt; er sagt deutlich, daß er Siege will, die das Produkt des Systems (der Ordnung, des Gesetzes, des Kosmos) sind, aber nicht das Werk des Zufalls, der Eingebung, der inspirierten Aktion eines einzelnen, er verbirgt nicht, daß ihm der Sieg, den der Prinz, gegen die Anordnungen handelnd, errungen hat, nicht recht ist, weil er »persönlich« sei und nicht gesetzlich; er beteuert, daß niemand glücklicher wäre als er, wenn er den Prinzen begnadigen könnte, er ihn aber nicht begnadigen könne, solange es das Gesetz nicht erlaube. Sein Handeln ist also nicht das Wirken einer Gestalt als Ausdruck individueller Wünsche, Bedürfnisse, Bestrebungen, sondern das Wirken eines Systems, so daß seine Gestalt demzufolge in Wirklichkeit ein Symbol ist, das im Mittelpunkt des Systems steht und durch seine Polysemie das System zusammenfaßt, aber keine »echte Gestalt« als Teil des Dramas.

Aber kehren wir zum Anfang des Dramas und zur Struktur der Raumzeit in *Prinz Friedrich von Homburg* zurück. Wir haben ihn im Garten, unter der Eiche, mit dem Handschuh in den Händen zurückgelassen. In der fünften Szene wechselt er ins Schloß, nach innen, dorthin, wo im Schlaf der Kurfürst und seine Begleiter verschwunden sind. Schon da wird die Spaltung zwischen der Außenwelt und der Innenwelt des Prinzen offensichtlich; er hält sich im Saal des Schlosses auf, zusammen mit den anderen Heerführern, mit Prinzessin Natalie und der Kurfürstin, die abreisen müssen, mit der Dienerschaft und verschiedenen anderen Leuten, aber gleichzeitig ist er in seinen Visionen (?), Träumen (?), in seiner Innenwelt. Der Raum ist immer noch so mechanisch kontinuierlich und rational geordnet, wie er in der ersten Szene dargestellt wurde – mit klaren Verhältnissen zwischen außen und innen, mit der Rampe als Verbindung zwischen diesen zwei Segmenten, zugänglich und verständlich für jene Logik, die das Wunder des Lorbeerkranzes in Brandenburg und die Auferstehung des Kurfürsten zu erklären vermag. Dennoch ist er gleichzeitig verdoppelt, durch die Handlung gespalten in den Teil, in dem sich die Damen, die abreisen, aufhalten, und in den anderen Teil, jenen, in dem sich die Heerführer, die sich auf die Schlacht vorbereiten, aufhalten. Durch die »semantische Duplizität« des Raums wird die Tatsache, daß der Raum doch nicht so kontinuierlich ist, wie es scheint, aufgezeigt und sozusagen sichtbar gemacht. Eine Stelle im Saal ist nämlich von dieser mechanischen Kontinuität ausgenommen, sagen wir, die Stelle, an der Prinz Friedrich von Homburg steht, sein Körper, wenn Sie wollen. Er ist betont abwesend, er versteht den Befehl vor der Schlacht nicht, registriert kaum die Personen um sich herum, den Reisevorbereitungen der Damen widmet er weit mehr Aufmerksamkeit als den Vorbereitungen für die Schlacht, obwohl es keinen sichtbaren Grund dafür gibt. Erst gegen Ende der Szene, als Prinzessin Natalie ihren Handschuh haben möchte und ihm so die Gelegenheit gibt zu erfahren, woher er den Handschuh hat, den er seit der vergangenen Nacht mit sich herumträgt, erhält er einen Grund, die Reisevorbereitungen so aufmerksam zu verfolgen. Aber das ist, wenn ich so sagen darf, eine nachträgliche Motivation, weil seine Abwesenheit, genauer, seine Abgesondertheit vom Ambiente des Saales seit dem Beginn der Szene besteht. Und so verhält es sich auch mit der Zeit. Der Prinz ist, von außen betrachtet, bei einer Besprechung vor der Schlacht, kurz vor Tagesanbruch, aber aus seiner inneren Wirklichkeit betrachtet, hält er sich in der vergangenen Nacht auf, in jenem Augenblick und an jenem Ort, wo er den Lorbeerkranz aus den Händen der schönen Prinzessin empfangen hat – abgesondert also von der mechanischen Kontinuität der Zeit wie auch von der räumlichen Kontinuität durch jenes starke Erlebnis, in dem sich Traum und Wachzustand, Vision und Wirklichkeit begegnet sind.

Kann man sagen, daß jene Erfahrung am Anfang eine eigentümliche heilige Raumzeit um den Prinzen oder für ihn konstituiert hat, die ihn von der äußeren, mechanischen Raumzeit absondert? So wie eine heilige Macht den katholischen Gläubigen während der Sonntagsmesse aus der Kirche in die Raumzeit des Abendmahls »versetzt«, versetzt die »heilige Macht« des Initiationserlebnisses Homburg in die Raumzeit dieses Erlebnisses beziehungsweise erlaubt nicht, daß er diese Raumzeit verläßt. Für den Blick von außen ist er jetzt und hier, so wie der Gläubige in der Sonntagsmesse in der Kirche ist, aber für den Blick, der nach innen zu sehen vermag, ist er dort, in jener Erfahrung, so wie sich der katholische Gläubige, solange er die Hostie im Mund hat, im heiligen Kern aufhält, aus dem sich die Welt erneuert. Wobei die Betonung der Ähnlichkeiten nicht über einen sehr wichtigen Unterschied zwischen den verglichenen Situationen hinweggehen darf; beim »Übersiedeln« in die heilige Raumzeit bleibt der katholische Gläubige in der menschlichen Gesellschaft, bleibt er ein Teil seiner Gemeinschaft in dieser Welt, weil alle um ihn herum die Hostie genommen haben, alle wissen, was sie zu bedeuten hat, zumindest manche Leute um ihn herum erleben auch das, was er, ein wahrhaftiger Glaubender, erlebt, also die Translatio in das Heilige; der Prinz von Homburg erlebt im Gegensatz dazu die Versetzung in seine »heilige Erfahrung« ganz allein, er hat niemanden, mit dem er das Erlebnis teilen kann, es besteht keine Hoffnung, daß ihn jemand versteht, weil es keinen Menschen gibt, der weiß, was seine Erfahrung bedeutet oder bedeuten soll. Auch in dem Moment, wo der individuelle Glauben am stärksten erlebt wird, wie individuell er auch ist, bleibt der Gläubige in der menschlichen Gesellschaft, während Kleists Held, nachdem er mit der »Erfüllung« seines tiefsten Traums konfrontiert worden ist, total einsam bleibt, außerhalb der materiellen Welt, außerhalb der menschlichen Gesellschaft, schlicht im Außerhalb, wenn ich so sagen darf.

Ich denke, ein wichtiges technisches Detail rechtfertigt diesen Vergleich, wie übertrieben er auf den ersten Blick auch erscheinen mag. Im Drama *Prinz Friedrich von Homburg* beginnt buchstäblich alles mit jenem Ereignis bei der Eiche, so daß diese Erfahrung des Prinzen wirklich ein eigentümlicher mythischer Anfang ist. Mir fällt kein einziges Drama ein, in dem die Vergangenheit so auffallend abwesend wäre – ein- oder zweimal wird erwähnt, der Prinz von Homburg habe den Sieg des Kurfürsten schon einmal durch zu frühes Eintreten in die Schlacht gefährdet, aber auch diese Anmerkung soll das Todesurteil für den Prinzen moralisch bekräftigen. Und das ist buchstäblich alles aus der Vergangenheit, was im Drama erwähnt wird – als hätte nicht eine der Gestalten eine Vergangenheit, als hätte sich vor dem »Jetzt« des Dramas auf der Welt nichts ereignet, als finge mit jenem Ereignis bei der Eiche wirklich alles an.

Prinz von Homburg bleibt bis zum Ende des Dramas vom Kontinuum der mechanischen Raumzeit, in der sich die anderen Gestalten befinden, abgesondert, wohl deshalb ist seine Kommunikation mit den anderen so offensichtlich unzulänglich. Er verschwindet auf dem Weg zur Stellung, von der aus er sich in die Schlacht einschalten wird, er führt die Reiterei gegen den Willen seiner Leute zu früh in die Schlacht, er versteht sich bis zum Ende nicht einen Augenblick lang mit einer der anderen Gestalten. Oder wäre es treffender zu sagen, daß ihn und den Kurfürsten nicht eine der anderen Gestalten versteht (obwohl es auch mit dem gegenseitigen Verständnis der beiden nicht allzugut bestellt ist)? Das Gefängnis, in das Prinz von Homburg gerät, zeigt vielleicht am besten seine Position, seine soziale wie »ontologische«, also seine Abgesondertheit, um nicht zu sagen, sein Hinausgeworfensein aus der Welt. Das Gefängnis, in dem er sich aufhält, hat nicht die Eigenschaften eines richtigen Gefängnisses, und das wird im Drama betont: sein Wächter ist viel eher Diener als einer, der aufpaßt, daß er nicht flieht, und das sagt ihm der betreffende Wächter auch, er verläßt das Gefängnis und kehrt dorthin zurück, wie es ihm beliebt, er kann, wenn er möchte, sich auf sein Pferd schwingen und reiten, wohin ihn die Augen führen. (So verhält es sich im übrigen auch mit dem Todesurteil, das er widerrufen kann, wenn er es wünscht, und auch das wird im Drama explizit gesagt.) Warum ist er überhaupt im Gefängnis untergebracht, wo doch so stark betont wird, daß seine Gefangenschaft symbolisch ist? Gerade um ein Symbol aufzubauen, würde ich sagen. Ein Gefängnis ohne verschlossene Tür, in dem der Gefangene empfängt, wann er will, das er verläßt, wann er will, ist natürlich kein richtiges Gefängnis, sondern ein Bild, die aus der Meta-Welt in die sichtbare Welt übersetzte ontologische Position des Gefangenen. So verhält es sich, wie gesagt, auch mit dem Todesurteil, das er persönlich widerrufen kann, wenn er will, durch die bloße Erklärung, daß er nicht schuld sei. Warum erfüllt ihn das Urteil, das von ihm abhängt, mit einer solch abgrundtiefen Angst? Weil das künstlerische Symbol einen Körper haben muß, und das Todesurteil sowie das Grab, das er beim »Schein der Fackeln« sieht, als er sich vom Gefängnis aus zur Frau des Kurfürsten begibt, um sie zu bitten, sich für seine Begnadigung zu verwenden (II,5), ist das Bild, der Körper, von Homburgs Angst, so wie das Gefängnis das Bild, der Körper, seines Hinausgeworfenseins aus der Welt ist. (Kleist hat sich, metaphorisch gesprochen, einen Nachfolger geschrieben, so wie sich Kafka einen Vorgänger geschrieben hat. Wer nicht erkennt, daß Homburgs Todesurteil der gegen Joseph K. erhobenen Anklage stark ähnelt, hat nicht den *Prinzen Friedrich von Homburg* gelesen, den ich gelesen habe, sondern einen anderen.)

Erst in der Schlußszene »kehrt« der Prinz von Homburg in die Welt »zurück«. Diese Szene ist ein buchstäbliches Spiegelbild des »mythischen Anfangs« von Homburgs Drama, jener Szene aus dem Garten, unter der Eiche, mit der alles angefangen hat. Muß man erwähnen, daß, wenn die Metapher mit dem Spiegel zutrifft, gerade die fünfte Szene des dritten Aktes eine Spiegelfläche ist, jene Szene, in der Prinz von Homburg über das Grab spricht, das für ihn geöffnet wird? Die fünfte Szene des dritten Aktes ist nämlich die buchstäbliche, technische Mitte des Dramas, was bedeutet, daß diese Szene der Mittelpunkt ist, zu dem die Symmetrie zwischen der ersten und der letzten Szene des Dramas hergestellt wird. Vielleicht zeigt das Verhältnis von Schluß- und Anfangsszene des *Prinzen Friedrich von Homburg* die fundamentale Abweichung des Kleist-Werkes vom Grundmodell des rituellen Chronotopos am deutlichsten. Der rituelle Chronotopos trägt auch der symbolischen Wiederholung des Anfangs Rechnung, da ist die Wiederholung oft ein Mittel zum Verständnis beziehungsweise zur Erkenntnis des Anfangs, so wie sie im richtigen Ritual ein Mittel zur Erneuerung der kreativen Macht der Welt war. Die Wiederholung in *Prinz Friedrich von Homburg* ist nicht symbolisch, sondern buchstäblich, es ist das erneute Geschehen des mythischen Anfangs, so wie es im Ritual als menschlicher Nachahmung des göttlichen Wirkens in der Urzeit nicht möglich ist, sondern allein im göttlichen Wirken selbst, sozusagen im Wesen des Heiligen. Als der liebe Gott bestimmt hat, daß sich die Schläfer von Ephesos erneuern, daß sie aufwachen, ins Leben zurückkehren, hat Er sie vollständig erneuert, bis ins kleinste Detail, mit Münzen aus jener Zeit, Kleidung und Erinnerungen, Emotionen und Gedanken; sie stimmen völlig mit denen, die eingeschlafen sind, überein, was bedeutet, daß auch ihre Zeit in diesem Augenblick mit jenem Augenblick, in dem sie eingeschlafen sind, übereinstimmt... So ist die Wiederholung auch bei Kleist, sie bringt nicht die Erkenntnis des mythischen Anfangs mit sich, sie ist kein Mittel, um die Erinnerung an den Anfang zu erneuern und dadurch einen Teil der Kraft zu gewinnen, die der Anfang enthält, Kleists Erneuerung ist total.

Aber man darf einen wichtigen Unterschied nicht übersehen, einen Unterschied, der es nicht erlaubt, die Wiederholung bei Kleist mit der heiligen Wiederholung gleichzusetzen. Der einzige äußere Unterschied zwischen der Schluß- und der Anfangsszene im Drama ist, daß der Prinz in der Schlußszene seinen Kranz aus den Händen der Prinzessin erhält, alles andere ist buchstäblich identisch. Aber innen ist nichts gleich. Der Prinz, der den Kranz aus den Händen der Prinzessin Natalie empfängt, hat fast nichts mit dem Prinzen aus der ersten Szene gemein, er hat der Prinzessin und ihrer Liebe entsagt (gerade in der fünften Szene des dritten Aktes, im technischen und inhaltlichen Mittelpunkt des Dramas), er hat die Angst entdeckt, er hat den Preis für seine heroischen Träume gezahlt, die er in der Anfangsszene (erfüllt?) gesehen hat. Die erste Szene hat ihm seine Träume gezeigt, ihn davon überzeugt, daß die Welt, in der die Erfüllung dieser Träume möglich wäre, real ist, und ihn in diese Welt versetzt; die Schlußszene erfüllt seine Träume wahrscheinlich, aber nicht ihm, weil es ihn in der Schlußszene nicht mehr gibt. Wenn es etwas Schlimmeres gibt als die Qualen, die die Helden Kleists durchmachen, sind das die Schlußszenen seiner meisten Werke, Szenen voller Glück und Gerechtigkeit, Szenen, in denen sich der Segen wie Manna oder Regen über die Gepeinigten ergießt, die ihrer entsagt haben und die es demzufolge nicht mehr gibt. Ja, das Leben wäre vielleicht auch erträglich, wenn nicht der Geist wäre, wenn wir nicht die Paradiesblume bekommen hätten, die allen anderen wie eine Ringelblume aus Nachbars Garten erscheint.

II Die erzählte Stadt

Das Erzählen und die Stadt

Die Erzählprosa ist unverbrüchlich mit der Stadt verbunden, sowohl historisch, in ihrer Entstehung, als auch technisch durch die Bedingungen, die für die Existenz und das normale Leben aller Erzählliteratur unumgänglich sind. Sie kommt erst im Hochhellenismus auf, in Gestalt des sogenannten griechischen Liebesromans, Ende des zweiten und im ersten Jahrhundert vor Christus, zur Blütezeit der Städte im ausgedehnten Raum des ehemaligen Alexanderreiches. (Ich erinnere daran, daß das Drama und das Theater in diesem Augenblick bereits mehr als vier Jahrhunderte, die epische und lyrische Versliteratur sogar viele Jahrhunderte alt sind.) In Form der satirischen Erzählung (Lukian) und des satirischen Romans (Petronius Arbiter, Apuleius) ist sie in der römischen Literatur gegenwärtig, in lateinischer wie in griechischer Sprache, in der späten Kaiserzeit. Im Mittelalter ist die Prosa nur in der Volksliteratur gegenwärtig (auch der Ritterroman wird hauptsächlich in Versen verfaßt, die Versnovelle ohnehin), während in der griechischen Sprache, d.h. in der byzantinischen Literatur und parallel dazu (schon seit Beginn des achten Jahrhunderts) in den Literaturen des islamischen Ostens (*Kalila und Dimna*, *Tausendundeine Nacht*) die Erzählprosa kontinuierlich fortlebt. Im Westen wird sie erst im 14. Jahrhundert mit Boccaccio erneuert, mit der Blüte der Städte, der Erneuerung der »Stadtkultur« und ihrem Übergewicht über die »Dorfkultur« in Italien sowie mit der Bestrebung, die kulturelle Erinnerung an die Antike wiederzubeleben.

Natürlich stelle ich die Tatsache, daß das Epos die erste Form des literarischen Erzählens ist, nicht in Frage, ich trage lediglich zwei wichtigen Unterschieden zwischen dem Epos und der Erzählprosa Rechnung. Das klassische Epos ist immer in Versen geschrieben, und der Vers bewahrt das Gedächtnis an die magische Herkunft der Literatur, von diesem Gedächtnis will und kann es sich nicht »reinigen«, solange es wirklich in Versen verfaßt ist. Die Erzählprosa hingegen gründet in der Alltagssprache der Menschen, in der sich gelegentlich auch magische Formeln finden lassen, die aber weit häufiger gewöhnliche menschliche Kümmernisse zum Ausdruck bringt. Der zweite Unterschied, den ich berücksichtigen möchte, ist zwar ein thematischer, steht aber offensichtlich in enger Verbindung zum ersten, der technischer Natur ist. Das Epos ist nämlich eine eminent politische literarische Form, es erzählt von den Helden und von der Entstehung einer politischen Gemeinschaft (so wie der Mythos, als Geschichte des Heiligen, von der Entstehung der primären Existenzformen – des Feuers, des Wassers, der Menschen, der Götter – handelt). Und die Helden sind Repräsentanten, sie stehen wie Denkmäler ausschließlich in der Öffentlichkeit, daher haben die Helden kein Privatleben und geben keinen Anlaß, das Private in die Literatur einzuführen. Gilgamesch lebt seine Manneskraft öffentlich aus, er »läßt die Jungfrau nicht zu ihrem Geliebten, das Weib nicht zum Mann« (I, 12-17), und sein Freund Enkidu trifft und erkennt einige Tage lang ohne Unterbrechung die Priesterin der Ischtar an der Tränke, einem Ort, der öffentlich ist wie der Marktplatz, mit dem wesentlichen Unterschied, daß er außerhalb der Stadt liegt. Achilles zeigt seinen Schmerz über den Tod des Patroklos seinen Freunden und Feinden, den verbündeten und gegnerischen Kriegern, er lebt und zeigt ihn öffentlich, genauso wie er sein Heldentum oder seine Herrscherinsignien lebt und zeigt. Ich nehme an, auch die Gesellschaften, in denen der *Gilgamesch* und die *Ilias* entstanden sind, kannten den Unterschied zwischen dem Öffentlichen und dem Privaten, dem Offenen und Geschlossenen, dem allen Zugänglichen und dem Intimen. Daher hatten, glaube ich, Gilgamesch und Achilles einen Bereich, in dem es ihnen möglich war, die Waffen abzulegen, den Schild zu vergessen, zu zeigen, daß sie eine Wunde schmerzte, und tief zu seufzen, aber weder dieser Bereich noch der Zustand menschlicher Entspanntheit bei Gilgamesch und Achilles waren Gegenstand der literarischen Verarbeitung, noch konnten sie es sein. Als eminent politische Form der Literatur steht das Epos in der Öffentlichkeit und bleibt auf Bereiche beschränkt, in denen sich die Gemeinschaft als Gemeinschaft herausbildet und wiedererkennt, auf Räume, die allen zugänglich sind, aber von Führern der jeweiligen Gemeinschaft kontrolliert werden.

Die Erzählprosa hingegen »entdeckt« das Privatleben und führt es in die Literatur ein, wodurch sie sich zur Thematisierung gewöhnlicher Menschen und ihrer Schicksale »verurteilt«, sie stellt ihre Gestalten ins Zentrum der dramatischen Spannung zwischen dem Öffentlichen und Privaten, dem Offenen und Geschlossenen, dem allen Zugänglichen und dem Intimen, betrachtet die Auswirkungen dieser Spannung auf ihr Schicksal und Verhalten und gewinnt aus dieser Spannung und ihren Auswirkungen ihr Erzählmaterial.

Die technischen Gründe für die Verbundenheit von Erzählprosa und Stadt sind wohlbekannt, sie erklären, warum der Vers in der Literatur fast zehn Jahrhunderte vor der Prosa aufgekommen ist. Es sind zuerst ganz offensichtliche mnemotechnische Gründe – den Vers kann man im Unterschied zur Prosa leicht memorieren und lange behalten, Rhythmus, Metrum und Reim sind dabei nicht ganz unwichtig. Dazu kommen Gründe der Apperzeption, nämlich die Tatsache, daß der Vers zum Sprechen beziehungsweise zur mündlichen Überlieferung gut geeignet ist und auf der Basis mündlicher Vermittlung adäquat erlebt und gut aufgenommen (rezipiert) wird, was man für die Erzählprosa wahrhaftig nicht sagen kann. Der Vers unterscheidet sich ganz offensichtlich von der Alltagssprache, so daß er keiner eigens entwickelten »Rahmentechnik« bedarf, die ihn aus dem Kommunikationszusammenhang des Alltagslebens lösen und zeigen würde, daß »von diesem Satz an etwas ganz anderes beginnt«.

Die Erzählprosa dagegen ist auf Mittel angewiesen, die das Gedächtnis ersetzen müssen, sie braucht die schriftliche Rezeption als auch die bereits bekannte beziehungsweise angeeignete Rahmentechnik, die die künstlerische Sprache aus dem Kommunikationszusammenhang des realen Lebens löst, was bedeutet, daß sie unbedingt das Buch braucht, in welcher Form auch immer. Und zwar ein Buch, das nicht heilig, kein rituelles Instrument und kein Mittel der Magie beziehungsweise Element einer speziellen Welt oder Atmosphäre ist, sondern ein ganz profaner und vertrauter Gegenstand des Alltagslebens. Aber ein solches Buch ist undenkbar außerhalb einer Gesellschaft, in der die Schriftkundigkeit weit verbreitet ist, also außerhalb einer Gesellschaft mit einem guten Bildungssystem, das einem hohen Prozentsatz von Bürgern zur Verfügung steht. Damit es ein profaner Teil eines Haushalts werden kann, wie wertvoll und wichtig auch immer, muß man das Buch überall und ständig vor Augen, bei der Hand, im eigenen Haus und in anderen Häusern haben, was bedeutet, daß es keine Rarität sein darf. Das bedeutet, daß das Buch als Instrument des ästhetischen Genusses eine Konzentration gebildeter Menschen auf einem relativ engen Raum und in guten wirtschaftlichen Verhältnissen verlangt, die ihnen den Luxus zweier Dinge zugänglich machen – den Kauf des Buches und die Zeit vornehmer Muße, in der sie lesen können.

Fassen wir zusammen: technisch notwendig für das Entstehen und Fortleben der Erzählprosa ist eine relativ hohe Konzentration schriftkundiger und gutsituierter Menschen auf einem relativ kleinen Raum. Mit anderen Worten, die technische Notwendigkeit für die Entstehung und das Leben der Erzählprosa ist die Stadt, weil alle erwähnten Bedingungen allein in der Stadt erfüllt werden können.

Daß die Erzählprosa außerhalb des städtischen Ambientes nicht vorstellbar ist, hat zudem auch einen »metaphysischen« Grund. Nämlich die Tatsache, daß das Grundmotiv des Erzählens die Begegnung ist, jene Form, aus der sich die Narration entwickelt hat und von der sie sich sozusagen nicht entfernen kann. Erzählen ist Rede über einen anderen, die literarische Form, in der das sprechende Subjekt die Erfahrung seiner Begegnung artikuliert, seine Konfrontation mit einem anderen Menschen, einer anderen Existenzform, einer anderen Welt oder dem anderen Geschlecht, anderem Denken, Fühlen ... Dabei steht diese Begegnung, als Gegenstand der Rede, in der Mitte zwischen dem Sprecher und jenem anderen, dem er begegnet ist, und die Rede selbst sucht die Mitte zwischen der Innen- und Außenperspektive, zwischen dem subjektiven und objektiven Blick auf die Begegnung und ihrem Verständnis. Das Drama basiert ebenfalls auf der Konfrontation beziehungsweise der Begegnung, doch ist das Drama eine Form der unmittelbaren Darstellung, eine

Rede, die ihren Gegenstand vom sprechenden Subjekt entfernt und ihn hin zur äußeren, objektiven Welt verschiebt. Daher ist die Dominanz des Objektiven über das Subjektive, des Äußeren über das Innere, des Sozialen über das Intime ein Charakteristikum des Dramas bis in die moderne Zeit. Metaphorisch gesprochen, stellt das Drama die Begegnung von Subjekt A und Subjekt B dar, so wie sie sich, objektiv und von außen betrachtet, abgespielt hat, während das Erzählen sie darstellt, wie sie sich wahrscheinlich wirklich abgespielt hat, ohne dabei zu vergessen, auch zu sagen, wie das Subjekt A, das von der Begegnung erzählt (das die »Erzählfunktion« ist, wie die Theoretiker sagen würden), sie erlebt und verstanden hat. Vielleicht erklärt das, wenigstens halbwegs, warum das Drama und das Theater als Kunstformen bis vor kurzem an das äußere, soziale, öffentliche Ambiente gebunden waren, so daß man, sagen wir, in der sogenannten neuen attischen (bei Menander) wie auch in der römischen Komödie, die eigentlich eine Übersetzung der neuen attischen ist, auch über die Liebe auf der Straße oder auf einem Platz spricht. Erst im 19. Jahrhundert hält das Drama Einzug in geschlossene, intime Räume, etwa das Zimmer des Helden, aber in diesem Augenblick haben das Drama und das Theater das Öffentliche, Soziale, Gemeinsame bereits vergessen. Mit dem Einzug in das Zimmer hat das Theater den Platz und die Fähigkeit, über ihn zu reden, verloren und verwandelt sich in eine absurde öffentliche Darstellung intimer Einsamkeit.

Vielleicht hat das moderne Theater gerade deshalb scheinbar unlösbare Probleme mit Dramatikern wie Georg Büchner und Anton Tschechow, die, wie modern sie auch sind, ihr Drama im Spannungsfeld von öffentlichem und privatem, offenem und geschlossenem Raum ansiedeln. Ich weiß natürlich nicht, ob das Theater gerade deshalb seine liebe Mühe mit Tschechow und Büchner hat, aber ich denke, diese Frage ist eine ernsthafte Untersuchung wert. Diese Untersuchung müßte sich sicherlich auch mit den Bestrebungen des modernen Theaters befassen, in die öffentlichen Räume, wie den Markt, die Straße und das Stadion, zurückzukehren. Wahrscheinlich wurden die wichtigsten dieser Versuche in den 1920er Jahren unternommen. In dieser Zeit kehrte auch das Drama, vor allem das expressionistische, auf den Platz und in die Sporthalle, auf die Straße und in andere öffentliche Räume zurück, und das Theater sucht auf verschiedenen Wegen eine Rückkehr in diese Räume. Theaterfestivals, die den öffentlichen Raum einer Stadt erobern, mit dem Theater eine gewisse Zeit lang sozusagen vollkommen das Alltagsleben der Stadt ausfüllen sollen, wie es die mittelalterlichen Mysterienspiele und antiken Dinonysien taten, sind ein Weg. Einen anderen versuchten verschiedene avantgardistische Bewegungen wie die Futuristen, die etwa mittelalterliche Formen (z. B. Wladimir Majakowskis »Mysterium Buffo«) erneuerten, oder auch das Massentheater »Die blaue Bluse« in der Sowjetunion, das spektakuläre Inszenierungen mit Hunderten von Teilnehmern in Stadien, auf Plätzen und Straßen veranstaltete. Muß man erwähnen, daß diese Versuche des Theaters, in die öffentlichen Räume zurückzukehren, hauptsächlich eine Ankündigung und Vorwegnahme der künftigen politischen Kollektivismen geblieben sind, also ein weiteres Beispiel in einer ganzen Reihe, das zeigt, daß die Kunst der politischen oder historischen Wirklichkeit vorangeht? Was sich nicht als Ankündigung totalitärer politischer Bewegungen gezeigt hat, ist meist eine museale Rekonstruktion spätmittelalterlicher und barocker Theaterformen geblieben.

Das Erzählen verlangt dagegen von Anfang an ein Gleichgewicht zwischen dem Äußeren und dem Inneren, sagen wir, zwischen offenen und geschlossenen, sozialen und privaten/ intimen Räumen. Es stimmt, daß im griechischen Liebesroman die Episoden, die sich in öffentlichen Räumen abspielen, über die anderen dominieren, aber das ist eine unmittelbare Folge des Themas beziehungsweise des Erzählens davon, wie zwei Verliebte sich gegenseitig suchen. Dieser Roman beginnt in der Regel im Familienheim, kurz nach der Heirat, oder im Mädchenzimmer, unmittelbar vor der Heirat; von dort wechselt er in den Hafen über, setzt sich auf einem Deck oder in einer Kabine eines Schiffes, auf das die Helden gehen, beziehungsweise in einem verborgenen Raum unter Deck fort, um nach langem Irren durch Tempel, über Plätze, durch Häfen und über Decks beziehungsweise durch Gefängnisse, Höhlen, Herbergen und verborgene Zimmer in den Häusern guter fremder Menschen mit einer spektakulären Hochzeit in einem öffentlichen Ambiente und dem Rückzug des verliebten Paares in die Intimität des ehelichen Schlafgemachs zu enden. Der Roman ist nicht vorstellbar ohne öffentliche Räume (Hafen, Platz, Deck, Hypodrom, Tempel), an die die Ereignisse, die Wendungen in Entwicklung und Handlungsgang, die Außenperspektive und die objektive Erkenntnis gebunden sind, aber er ist genausowenig vorstellbar ohne geschlossene private Räume (Zimmer, Kämmerchen unter Deck, Schlupfwinkel in den Häusern guter Menschen), in denen das innere, das Gefühlsleben der Helden sich entfalten kann. Nur das Gleichgewicht dieser beiden Sphären, die Gegenüberstellung von Innerem und Äußerem in allen Bedeutungen und auf allen Ebenen macht den Roman möglich.

Die Erzählliteratur des islamischen Ostens, sagen wir, *Tau-*

sendundeine Nacht, verharrt im Zeichen der Spannung zwischen Innerem und Äußerem, Geschlossenem und Offenem (das Ambiente ebenso wie die Perspektive, aus der das Geschehen betrachtet wird). Die geschlossenen, intimen Räume sind hier noch immer Schlafgemächer, Zimmer in Häusern, geschlossene Gärten, während die sozialen, öffentlichen und offenen Räume Plätze, Wege, öffentliche Gärten, Moscheen sind. Auf der Suche nach Mediatoren haben die Erzähler von *Tausendundeine Nacht* in ihrem Bestreben, jede Konfrontation, soweit möglich, durch eine mittlere Form zwischen den entgegengesetzten Formen abzumildern, auch »räumliche mediatorische Formen« beziehungsweise Sphären gefunden, die auf halbem Weg zwischen dem Offenen und Geschlossenen, dem Öffentlichen und Intimen angesiedelt sind, wie etwa Bäder, Gästezimmer in den Häusern der Reichen, Herbergen, d. h. spezielle Räumlichkeiten in Herbergen. Sie vermehrten darüber hinaus stark die Formen des Anderen, mit denen das Erzählsubjekt konfrontiert werden kann. Im griechischen Roman ist dieses Andere hauptsächlich sozial und kulturell bestimmt, also durch Menschen, vor allem natürlich unbekannte Menschen, denen die Helden ständig begegnen. Aber es gibt auch andere Kulturen, sagen wir, die ägyptische, babylonische, äthiopische (wobei die Helden in der Regel Griechen sind) und andere Städte, die man zwangsläufig besuchen muß, wenn man so viele Jahre umherirrt. In *Tausendundeine Nacht* ist das Andere sozial und kulturell, aber auch ontologisch bestimmt, z. B. gibt es andere Existenzformen wie Dschinne, Vögel und Fische, begabt mit Geist und Verstand, verschiedene Tiere, die in Menschengestalt erscheinen… Das westliche Erzählen reduzierte das Andere wiederum auf das Soziale und Kulturelle, ebenso wie es die öffentlichen Räume auf Gasthäuser, Schenken, auf die Straße, selten Plätze reduzierte, und im 19. Jahrhundert, als der Platz aus dem gesellschaftlichen Leben verschwand, kamen unter den öffentlichen oder halböffentlichen Räumen auch die Theaterloge, das Empfangszimmer in den Häusern der Bessergestellten auf, und der Salon, der bereits im 17. Jahrhundert eine wichtige Rolle im literarischen Leben Frankreichs gespielt hatte (z. B. der berühmte Salon der Madame de Rambouillet), begann nun in der Literatur selbst eine ebenso wichtige Rolle zu spielen, und zwar nicht nur in der französischen (ist es, sagen wir, möglich, sich die Romane Dostojewskis ohne die Salons in den Häusern seiner aristokratischen Heldinnen vorzustellen?).

Wie auch immer die Begegnung ausgesehen hat, mit der sich das Erzählen befaßt, es ist klar, daß sie aus dem Geschlossenen ins Offene, aus dem Intimen ins Öffentliche führen muß, weil sie sonst nicht der Gegenstand der Narration sein kann. Und das kann allein in der Stadt geschehen. Die Stadt ist nämlich das einzige Ambiente, in dem das Verlassen des Hauses ein Eintreten in ein sozial Anderes und Andersartiges bedeutet, eine Konfrontation mit dem potentiell Fremden, ein Eintreten in einen Raum, der soziales Unbehagen verursacht und es beinahe notwendig macht. Claude Lévi-Strauss hat irgendwo das Dorf als einzig verbliebenen Raum sozialen Glücks gerühmt: einen Menschen, der durch ein Dorf geht, grüßen und kennen alle Leute, denen er begegnet; ernsthafte Probleme, die in seinem Haushalt auftreten, z. B. ein Brand oder der Tod eines teuren Tiers, löst das ganze Dorf gemeinsam mit ihm (das Dorf »kauft« ihm die tote Kuh »ab«), Mißverständnisse zwischen den Menschen sind fast unmöglich, weil der Grad ihrer gegenseitigen Vertrautheit denkbar hoch ist. Im kulturellen und sozialen Ambiente des Dorfes ist der Mensch sozusagen von sich selbst umgeben, in diesem Ambiente bedeutet das Verlassen seines Zimmers kein Eintreten in ein Anderes oder keine Begegnung mit dem Unbekannten. Vielleicht ist das Dorf ja tatsächlich ein Raum des Glücks, für die Gesellschaft als System ist es das sehr wahrscheinlich schon, aber gerade das zeigt, daß das Erzählen in diesem Ambiente praktisch unmöglich ist, denn es gibt kein Erzählen ohne soziales Unbehagen, sagen wir, in einer Gesellschaft, mit der das Subjekt kulturell und sozial sozusagen übereinstimmt. Mit einem Wort: das Erzählen ist unverbrüchlich mit der Stadt verbunden, wovon auch dieser »metaphysische Grund« zeugt.

Eine Reihe glänzender Prosaschriftsteller, die in neuerer Zeit, sagen wir, seit der Mitte des 19. Jahrhunderts, über das Dorf geschrieben haben, bestätigen meine Überzeugung fast eher, als daß sie sie in Frage stellen. Das Thema dieser »Dorfprosa« ist hauptsächlich die Begegnung der dörflichen Welt (des Kollektivs, der Erfahrung) mit dem Anderen, d. h. mit dem Fremden, z. B. mit einer anderen Welt bei Juan Rulfo oder mit der Revolution bei Michail Scholochow. Wenn sie im Bereich des Dorfs bleibt, handelt die Erzählprosa hauptsächlich von der Erfahrung eines Fremden in der geschlossenen Gemeinschaft, z. B. von der Begegnung des Dorfkollektivs mit einem sozial Fremden, einem Ankömmling, oder von den Erfahrungen eines »geistig Fremden« in der Konfrontation mit dem geschlossenen Kollektiv, z. B. vom Schicksal eines Menschen aus dem betreffenden Dorf, der sich von den Mitgliedern des Dorfkollektivs erheblich unterscheidet, indem er sich nicht in das Ambiente des kollektiven Glücks einfügt.

Beim Erzählen ist die Stadt immanent immer gegenwärtig,

so wie im Drama immanent immer der Raum gegenwärtig ist, und zwar kein abstrakter, »geometrischer«, beliebiger Raum, sondern ein Raum, der durch seine Form und seine Eigenschaften in der Regel der Form der Bühne und der inneren Logik des Theaters zur Entstehungszeit des jeweiligen Dramas entspricht, das wiederum in der Regel dem Weltbild der betreffenden Epoche entspricht. Die Stadt kann natürlich auch thematisch gegenwärtig sein, als Ambiente, das mit seinen Eigenschaften, z. B. dem Klima, dem wirtschaftlichen und sozialen Leben, den öffentlichen Einrichtungen, Straßen und Plätzen, in gewisser Weise das Geschehen bestimmt und daran teilhat. Oft liefert die Stadt dem Erzählen auch Mittel der Motivation, dann nämlich, wenn sie dank ihrer Eigenschaften eine Lösung in der Entwicklung der Handlung ermöglicht, rechtfertigt oder bewirkt. Das Erzählen, d. h. das Erzählte, spielt sich fast regelmäßig in der Stadt ab, und wenn es von Straßen und Plätzen, Schenken und Theatern handelt, wird es sehr oft zum Erzählen über die Stadt. Relativ selten ist allerdings das, was wir »Stadt erzählen« nennen könnten, jenes Erzählen, das die Atmosphäre einer Stadt, ihr unsichtbares, platonisches Wesen, das Weltempfinden, das ihre Bürger verbindet, deren Empfinden für sich selbst und ihre Stadt zum Ausdruck bringt und dem Leser vermittelt. Zum Glück geschieht auch das, viele Städte haben Autoren gefunden, die es verstanden haben, sie zu erzählen. Und Sarajevo ist zweifellos eine von ihnen.

Sarajevo erzählen

»Morgen, nach dem feierlichen *Tedeum* in der Kathedrale, werden wir einen großen Wettlauf in Ilidže veranstalten. Das Recht, daran teilzunehmen, haben nur die angesehensten Männer von Sarajevo. Unter ihnen werden sich auf jeden Fall der Oberbürgermeister Mehmed-Beg Džandžafić, weiterhin die hochwürdigsten und durchlauchtigsten Herren, der katholische Erzbischof, der orthodoxe Metropolit, der Reisul-Ulema, der oberste Rabbiner, der Direktor der Landesbank und der Regierungsbevollmächtigte für die Stadt Sarajevo, Aladar fon Kotas, befinden.«

Das sind die Träumereien des Alojzije Mišić, genannt Ban, eines Kanzleischreibers, also eines Beamten niedrigsten Ranges in der Verwaltung der Habsburger Monarchie, und des Helden der Erzählung »Das Fest« von Ivo Andrić. Jeden Sommer, jahraus, jahrein, gibt sich Alojzije Mišić in der Nacht vor seinem Namenstag, nach dem dritten Glas Wein, dieser und ähnlichen Phantasien hin, in denen ihm Glanz und Ruhm überreichlich zuteil werden, die aber auch eine Machtdemonstration darstellen, bei der er die angesehenen Leute, von denen er weiß, erniedrigt oder nur an ihren rechten Platz stellt. Diese Phantasien helfen Alojzije Mišić, genannt Ban, ohne Zweifel, sein Leben voller Armut, Angst und Erniedrigungen zu ertragen, aber sie könnten auch noch auf eine andere Art von Nutzen sein, z. B. indem sie dem wohlwollenden interessierten Menschen bei seinem Bestreben helfen, Sarajevo zu verstehen und die Probleme zu erahnen, mit denen derjenige, der diese Stadt zu erzählen beabsichtigt, konfrontiert ist.

Das erste, was unserem interessierten Menschen auffallen

kann, ist die komplizierte, um nicht zu sagen verworrene Sozialstruktur Sarajevos, die sich mit binären Oppositionen vom Typ »heilig – profan«, »arm – reich«, »innen – außen«, »oben – unten« weder analysieren noch erklären läßt, wie man es tut, wenn man von »normalen« Städten spricht. Hätte Andrićs Held Alojzije in einer anderen Stadt der Monarchie gelebt, wären in seiner Phantasie über die spektakuläre Namenstagsfeier nur zwei, maximal drei Würdenträger aufgetaucht, die ihm zu Ehren hätten laufen müssen, nämlich die Führer der kirchlichen und weltlichen Macht (eventuell noch als Dritter der Vertreter einer religiösen Minderheit oder einer wichtigen sozialen Bewegung). Das ist die Grundspannung, die man auf den ersten Blick in beinahe jeder europäischen Stadt auf dem Hauptplatz sieht, wo sich das Rathaus und die Kirche als Symbole zweier Autoritäten (der weltlichen und der kirchlichen), zweier Seiten des öffentlichen und intimen Lebens (das Heilige und das Profane), zweier Typen und zweier Sphären der Macht gegenüberstehen.

Was wert ist, erzählt zu werden, hat potentiell mehrere Versionen, auf jeden Fall kann es aus unterschiedlichen Perspektiven erzählt werden, und in einer guten Geschichte sind wenigstens einige dieser potentiellen Versionen diskret eingeschrieben und werden so dem sensiblen Leser als Andeutung angeboten, sagen wir, als seine Ahnung oder als mögliche Version der Geschichte, die er in das Werk hineinprojiziert (hineinlegt, hineinträgt). Denn der Leser ist kein Konsument, er ist im literarischen Werk, zumindest dann, wenn dieses einen echten ästhetischen Genuß ermöglicht, immer gegenwärtig, so wie auch ein schweigsamer Gesprächspartner im Gespräch anwesend ist (und er ist anwesend, der Zuhörer hat durchaus Einfluß auf die Äußerung des Sprechers). Mir z. B.

gelingt es nicht, aus Andrićs Erzählung »Das Fest« die diskret eingeschriebene Version zu eliminieren, in deren Mittelpunkt nicht Alojzije Mišić genannt Ban steht, sondern seine Frau. Sie ist die ganze Zeit gegenwärtig, sie hat das festliche Abendessen für seine Namenstagsfeier zubereitet, während er bei der Arbeit war, sie hat die Kinder etwas früher als sonst ins Bett gebracht, damit er sich dem Wein und seinen Träumereien überlassen konnte, sie hat das Fenster des Zimmerchens im Erdgeschoß geschlossen, als seine Reden zu laut und dreist wurden, sie hat auch ihn ins Bett gebracht, als ihn der Wein und die Aufregung umwarfen. Ja, sie ist die ganze Zeit anwesend und schweigt die ganze Zeit, sie duldet und wirkt aus ihrer Stille heraus. Ihre Verzweiflung und ihre Angst sind tiefer und stärker als jene, die ihren Mann Alojzije quälen, er hat wenigstens die Trunkenheit und Phantasien voller Ruhm am Vorabend seines Namenstags, aber sie hat nicht einmal das. Ich nehme an, die Intensität und Tiefe ihrer Verzweiflung erlauben nicht, daß die Erzählung aus ihrer Perspektive oder in ihrem Namen geschrieben wird – das, was sie quält, kann man nicht erzählen oder anders artikulieren, das läßt sich allein durch einen Aufschrei oder eine Tat ausdrücken. Aber es ist gerade das Schweigen, das ihrer Anwesenheit in der Erzählung die emotionale Kraft verleiht, und es ist gerade diese emotionale Qualität, die es mir nicht erlaubt, ihre Version der Geschichte zu übersehen, die diskret in die Erzählung von Andrić eingeschrieben ist.

So wie mit einem literarischen Werk ist es auch mit einer Stadt: jede Stadt hat eine Unmenge von Historien und eine Unmenge von Versionen »ihrer Geschichte«, und jede von ihnen enthält, wenn sie gut geschrieben (erzählt) ist, diskret wenigstens ein paar der anderen. Ein weniger skeptischer und vitalerer Mensch als ich wird Sarajevo ganz anders sehen, erleben und erzählen, als ich es sehe und erzähle, ich nehme an, heiterer und angenehmer. Eine Historie Sarajevos würden Soldaten, die es verlassen haben, ganz anders schreiben als diejenigen, die gekommen sind. Eins ist die »Geschichte von Sarajevo«, die eine von jenen Frauen in sich getragen hat, die ihr Leben eingeschlossen im Haus erduldet haben, etwas anderes ist die Geschichte von derselben Stadt, die ein Reisender erzählen würde, aber keine der beiden Geschichten gliche der, die ein Holzfäller, ein Polizist, eine Weberin oder der Bürgermeister erzählen würden. So verhält es sich natürlich auch mit den offiziellen Historien, diese hängen hauptsächlich davon ab, wer sie schreibt. Eine Historie von Sarajevo würden die Angestellten der öffentlichen Verkehrsbetriebe schreiben, eine völlig andere die Theologen, eine dritte die Katholiken und wieder eine etwas andere die Muslime.

Daher helfen binäre Oppositionen in Sarajevo nicht viel. Wenn man zu dem Paar »sakral–profan« greift, wird man notwendigerweise mit der Frage konfrontiert »welches Heilige« oder, da sich das Heilige in der sozialen Sphäre hauptsächlich als Zugehörigkeit zu einer Gemeinschaft manifestiert, »wessen Heiliges«. Alojzije muß die Vertreter von vier Religionsgemeinschaften herbeiholen, wenn er möchte, daß sein Namenstag wirklich würdig gefeiert wird, denn wer in Sarajevo groß sein will, muß mindestens von fünf Seiten angenommen werden, nämlich von den vier Religionsgemeinschaften und von der jeweils aktuellen staatlichen Macht. Hinzuzufügen sind die unvermeidlichen Einteilungen innerhalb dieser religiösen Gemeinschaften. Jede von ihnen spaltet sich z. B. in eine Gruppe von Mitgliedern, die die ständige Anwesenheit anderer Religionen in ihrer direkten Nachbarschaft als Bedrohung, Gefahr und fast als Sünde empfinden, der die Gruppe jener Mitglieder gegenübersteht, die in dieser Anwesenheit Reichtum, eine Chance, sich selbst besser zu verstehen, und eine Überprüfung der eigenen Rechtgläubigkeit sehen. Innerhalb jeder Gemeinschaft stehen sich also die Verfechter einer monolithischen Einheit und die Verfechter einer mosaikartigen Einheit, Verschiedenheit, Vielfalt, gegenüber; auf der einen Seite diejenigen, die sagen, man müsse auf eine Art zu Gott beten, weil Gott ein und einzig ist, und auf der anderen Seite diejenigen, die meinen, Gott sei allmächtig und allwissend, und Er wisse am besten, warum Er zugelassen hat, daß die Menschen auf so verschiedene Arten zu Ihm beten; auf der einen Seite diejenigen, die sagen, die Gemeinschaft sei stark, wenn all ihre Mitglieder dieselbe Meinung vertreten, und auf der anderen Seite diejenigen, die behaupten, nur kleine und bedrohte Gemeinschaften, wie religiöse Sekten, leugneten die Unterschiede, die in allem unter den Menschen bestehen, besonders im Denken und in der Art des Glaubens.

Die Auseinandersetzung zwischen der Philosophie der monolithischen Einheit und der Philosophie der Einheit in der Verschiedenheit wird in Andrićs Prosa unaufhörlich geführt, nie explizit und verbal, doch ständig als Wirken oder Schicksal der Gestalten, aber auch als Mittel zu ihrer Charakterisierung. Natürlich ist sich jede von Andrićs Gestalten ihrer Zugehörigkeit, ihrer »kulturellen Identität«, wie man heute sagen würde, zutiefst bewußt, und natürlich ist dieses Bewußtsein von ihrer Identität so klar und scharf, daß es an ein gewisses Unbehagen grenzt. Und jede dieser Gestalten weiß natürlich, daß sie die »allzu klare« Bewußtheit ihrer kulturellen Identität vor allem der ständigen Anwesenheit von Menschen mit einer anderen Identität verdankt. In einer monokulturellen Umgebung kann man die kulturelle Identität automatisieren und auf die reine Gewohnheit reduzieren, ich nehme an, daß ein Katholik im Vatikan oder ein Muslim in Mekka irgendwann aufhören, ihre religiöse Zugehörigkeit zu empfinden und anfangen, sie wie die Morgendämmerung oder den Lauf des Wassers im Fluß als selbstverständlich vorauszusetzen. In Sarajevo ist die kulturelle Identität dagegen unverbrüchlich mit einer Art sozialen Unbehagens verbunden, weil der soziale Kontext des Menschen in Sarajevo ständig daran erinnert, daß die Welt voll von andersartigen Leuten ist, daß sein Glaube nur einer von vielen ist, daß er und alles Seine nur eine von unzähligen Möglichkeiten im Ozean der göttlichen Allmacht sind. Von seinem Charakter oder seinem Erleben der Welt hängt ab, ob sich der Mensch über die bunte Vielfalt um ihn herum freut oder ob er an ihr leidet, ob er die unterschiedlichen Leute um sich herum als Möglichkeit und Verpflichtung, sich besser und tiefer zu erkennen, auffaßt oder als Gefahr, gegen die er sich wehren muß. Der Charakter ist bei Andrić beinahe immer mit dem Schicksal identisch, auf jeden Fall sind der Charakter und das Schicksal unverbrüchlich miteinander verbunden und einander ähnlich.

Max Löwenfeld, der Held der Erzählung »Ein Brief aus dem Jahre 1920«, empfand z. B. die verworrene Sozialstruktur Sarajevos als Bedrohung und Haß: »Schwer und sicher schlägt die Uhr an der katholischen Kathedrale: zwei nach Mitternacht. Es vergeht mehr als eine Minute (ich habe genau 75 Sekunden gezählt), und erst dann meldet sich, etwas schwächer, aber mit einem durchdringenden Laut die Stimme von der orthodoxen Kirche, die nun auch ihre zwei Stunden schlägt. Etwas später schlägt mit einer heiseren und fernen Stimme die Uhr am Turm der Beg-Moschee, sie schlägt elf Uhr und zeigt elf gespenstische türkische Stunden an nach einer seltsamen Zeitrechnung ferner, fremder Gegenden. Die Juden haben keine Uhr, die schlägt, und Gott allein weiß, wie spät es bei ihnen ist, wie spät nach der Zeitrechnung der Sepharden und nach derjenigen der Aschkenasen. So lebt auch noch nachts, wenn alle schlafen, der Unterschied fort, im Zählen der verlorenen Stunden dieser späten Zeit. Der Unterschied, der all diese schlafenden Menschen trennt, die im Wachen sich freuen und traurig sind, Gäste empfangen und nach vier verschiedenen, untereinander uneinigen Kalendern fasten und alle ihre Wünsche und Gebete nach vier verschiedenen Liturgien zum Himmel senden. Und dieser Unterschied, der manchmal sichtbar und offen ist, manchmal unsichtbar und heimtückisch, ist immer dem Haß ähnlich, sehr oft aber mit ihm identisch«, schreibt er im Jahre 1920 an seinen anonymen Schulfreund, den Erzähler Andrićs.

Um eine sprachliche Äußerung zu verstehen, ist es unumgänglich, sie nach fünf Kriterien zu bestimmen und damit auf die fünf entscheidenden Fragen zu antworten: wer spricht?; zu wem spricht er?; in welchem Ton?; aus welchem Anlaß?; in welchem Kontext, d.h. in welcher existentiellen Situation befindet sich der Sprecher? Wer auch nur einmal im Theater war, weiß, daß schon die Veränderung des Tonfalls, in dem ein Satz ausgesprochen wird, diesem Satz geradezu eine entgegengesetzte Bedeutung verleihen kann zu der, die er kurz zuvor gehabt hat. Wie die Worte »Ich bin naß« eins heißen, wenn sie jemand ausspricht, der mit einem Regenschirm in der Hand ins Haus kommt, etwas ganz anderes, wenn sie ein Arbeiter in einem Eisenwerk ausspricht, wieder etwas ganz anderes, wenn wir sie von jemandem hören, der in einen

Brunnen gefallen ist, und wieder etwas völlig anderes, wenn ein Patient sie einer Krankenschwester sagt. Das heißt, vielleicht bedeuten sie immer dasselbe, aber ihr Sinn ist in jedem der erwähnten Fälle ein völlig anderer. Das erwähne ich deshalb, weil wir in der Erzählung von Andrić nicht erfahren können, inwieweit das Urteil seines Helden über Sarajevo seine wirkliche Überzeugung ist und inwieweit sie Ausdruck seiner Kriegserfahrungen und seiner existentiellen Situation ist, in die er bei seiner Rückkehr aus dem Krieg geraten ist. Wir wissen, daß sich Max vor dem Krieg, in seiner Gymnasialzeit, nicht mit Sarajevo und seinen zahlreichen Stimmen befaßt hat, sondern mit Goethes Prometheus, wobei er sich bisweilen selbst wie ein Allwissender fühlte, der Zeus trotzt, danach zu urteilen, wie routiniert er Goethes Text rezitierte. Es ist schwer zu glauben, daß jener Max, der Goethe rezitierte, die Vielstimmigkeit von Sarajevo als Haß empfand, wenn sie ihm überhaupt aufgefallen war, wie es auch schwer ist zu glauben, daß ein Mann, der soeben aus dem Krieg zurückgekehrt ist, in der Welt irgend etwas anderes sehen und erkennen kann als Haß. Besonders wenn er in diesem Krieg seine Heimat verloren, die Erfahrungen eines Militärarztes gemacht, mit eigenen Augen den Zerfall des Vielvölkerstaates gesehen hat und nach dem Krieg nach Sarajevo zurückgekehrt ist, in das ererbte Haus, aus dem seine Vorfahren fortgegangen sind, um in Gegenden zu gehen, die sie für sicherer hielten. Wie einem verbitterten und enttäuschten Mann, der ohne sein Verschulden von einem Prometheus zu einem totalen Verlierer geworden ist, jede Erklärung für seine Katastrophe willkommen ist und eben auch der Haß, der sich in der Vielstimmigkeit von Sarajevo offenbart.

Sarajevo ist vielleicht gerade wegen seiner Mehrstimmigkeit eine wesentliche Metapher der Welt, eine Form, in der die Welt ihre wahre, dem menschlichen Blick weitgehend verborgene Natur offenbart. Max hat Sarajevo verlassen, um »vor dem Haß zu fliehen«, er gelangte als Arzt der republikanischen Armee nach Spanien und wurde dort zusammen mit seinen Patienten getötet. Er hat also gefunden, wovor er geflohen ist, vielleicht weil er es in sich getragen hat, unfähig, es zu ertragen und sich damit abzufinden, vielleicht weil er geahnt hat, daß es ihm beschieden war. Andrićs beinahe stummer Erzähler, der seine Äußerungen auf trockene objektive Informationen beschränkt, schließt die Erzählung mit einem Satz, der an die Nutzanwendung der klassischen Fabel erinnert: »So endete das Leben eines Mannes, der vor dem Haß geflohen war.«

Auch dieser Satz wird natürlich ganz absichtlich in der Form einer trockenen neutralen Information beziehungsweise Moral gelassen, damit die zwei verschiedenen Bedeutungen beziehungsweise Lehren gleichberechtigt gegenwärtig sind und gleichermaßen betont werden. Die erste der beiden Lehren ist die, daß die ganze Welt das ist, was sich in Sarajevo offenbart, d. h., daß man in dieser Welt vor dem Haß nur fliehen kann, indem man sie verläßt. Die zweite Lehre wird genauso leise und neutral ausgesprochen, aber sie scheint mir wichtiger und treffender als die erste: Der Mensch findet am Ende immer das, was er als entscheidendes Zeichen seiner Begegnung mit der Welt in sich getragen hat, und so findet er auch den Haß, wenn er vor ihm geflohen ist. Wohin auch immer sich der Mensch begibt und mit welcher Geschwindigkeit er auch reist, sein Schicksal ist dort bereits eingetroffen, wenn er sich erst auf halbem Weg befindet.

Die Überzeugung, daß diese zweite Lehre wichtiger ist und

der Wahrheit näherkommt, gründe ich auf das Schicksal jener Andrićschen Helden, die sich in gewissem Sinne in die entgegengesetzte Richtung von Max bewegt haben, weil sie nach Sarajevo gekommen sind, um ihr Schicksal zu finden, so wie Max fortgegangen ist, um es zu finden. Wie beispielsweise Mustafa Madžar, der Held der gleichnamigen Erzählung, und Alidede, der Held der Erzählung »Der Tod in der Sinan-Teki«. Mustafa Madžar ist ein Krieger und verzweifelter Mensch, er bemüht sich, durch die von der Lebensgefahr hervorgerufene Aufregung den Verlust der Musik zu kompensieren, d. h. die Aufregungen und Freuden, die diese mit sich bringen. Nach einer Reihe von Schlachten, die ihm Aufregung und Ruhm im Überfluß verschafft haben, beginnt er den Verstand zu verlieren, verläßt sein kaltes einsames Haus, um sich auf einen Weg ohne Ziel zu machen, und gelangt bis nach Sarajevo. Als Mustafa Madžar, der Held zahlreicher großer Schlachten, am südwestlichen Eingang in die Stadt, auf dem Berg Gorica, vor einer Horde anonymer Verfolger flieht, bemerkt ein Zigeuner und Schmied zufällig die Menschenjagd, wirft ein großes Stück Eisen und tötet den Verfolgten durch einen Treffer in die Schläfe.

Kann man sich einen Tod vorstellen, der dem Leben von Mustafa Madžar ähnlicher gewesen wäre? Ein Leben voller Gewalt, voller Gelegenheiten, durch die Hand eines unbekannten und zufälligen Mörders umzukommen, voller Verfolgungsjagden von Horden potentieller Mörder – bis dahin zwar immer hinter den Horden her, nun zum ersten Mal vor einer Horde davon, auf der Flucht. Am Ende, im Tod, wendet sich das Bild natürlich, weil der Tod wohl das Spiegelbild des Lebens ist – immer hat er einen Haufen Soldaten oder einen vor ihm fliehenden Haufen gejagt, jetzt flieht er selbst vor einer Horde zufällig versammelten Pöbels; sein ganzes Leben hat er in Einsamkeit verbracht, fern von der Menge und ihren billigen Entzückungen, und jetzt stirbt er mitten in der Menge und durch sie; sein ganzes Leben hat er beharrlich einen gewaltsamen Tod gesucht, der glücklich ist, weil er kurz und schnell ist, und am Ende hat er genau einen solchen gefunden, nur mit bitterem Spott statt Heldentum. Alles ist ihm und seinem Leben verdammt ähnlich, nur im Wesentlichen umgekehrt. Geradeso wie bei Max Löwenfeld und dem großen Alidede, dem Helden der Erzählung »Der Tod in der Sinan-Teki«.

Alidede kam nach Sarajevo und verlebte dort seine Zeit, in derselben Art, wie er sein ganzes Leben verbracht hatte – besonnen und ruhig, mit Plan und Überlegung, ohne Wut und Unruhe, ohne das geringste Anzeichen von Raserei, die das Leben und den Tod von Mustafa Madžar so sehr kennzeichnete. Und genauso starb er, ruhig und, fast könnte man sagen, planmäßig, mitten im Gespräch mit Menschen, die ihn mochten. Nur daß er am Ende, im Augenblick des Todes, wie alle anderen Helden Andrićs, dem begegnete, vor dem er sein ganzes Leben lang Angst gehabt und was er beharrlich gemieden hatte – Unruhe, Aufregung und das Geheimnis, also die Frau. Im Augenblick seines Todes erlebt der weise Lehrer aufs neue die Begegnung mit dem Körper einer Ertrunkenen, den der angeschwollene Fluß Bosna in den Garten neben seinem Elternhaus geschwemmt hat, und eine unverwirklichte Begegnung mit einer geheimnisvollen Frau, die er eines Nachts als junger Lehrer in Istanbul vor einigen männlichen Verfolgern fliehen sah. Muß man erwähnen, daß das die beiden einzigen unklaren und vielleicht gewaltsamen Ereignisse in einem langen Leben voller Klarheit, Ruhe und Wissen waren? Muß man erwähnen, daß Alidede im letzten Augenblick seines zwischen und mit Büchern verbrachten Lebens versteht, daß am Eingang und am Ausgang des Lebens die Frau steht und nicht das Buch, die Leidenschaft und nicht das Wissen, die Aufregung und Unruhe und nicht Ordnung und Ruhe? Muß man erwähnen, daß diese Erkenntnis, wie alle anderen Erkenntnisse, zu denen die Helden von Andrić gelangen, vergeblich und ergebnislos bleibt, weil sie zu spät gekommen ist?

Ein weiterer Held von Andrić erfährt in Sarajevo (wo sonst?), daß die Frau der unbegreifliche und unumgängliche Mittelpunkt des Lebens ist. Es handelt sich um den berühmten Helden Alija Đerzelez, der im dritten Teil der Erzählung »Der Weg des Alija Đerzelez« in einem alten Haus in der Hiseta-Straße bei Jekaterina liegt und begreift, daß es viel leichter ist, ins Zentrum einer wehrhaften Festung vorzudringen als in das Herz einer Frau. So empfindet zumindest er es, und es kommt ihm so vor, als wäre es auch objektiv so.

Max Löwenfeld ging aus Sarajevo fort, um es, ebendieses sein Sarajevo, als wesentliche Metapher der Welt überall wiederzufinden. Alidede, Mustafa Madžar, Alija Đerzelez und viele, viele andere Helden Andrićs kamen nach Sarajevo, um sich zu finden, zu erkennen, zu begreifen. Im Übrigen widmete auch Andrić selbst Sarajevo seinen letzten, vollständig fertiggestellten Erzählband *Das Haus in der Einsamkeit*, dasjenige unter seinen Büchern, das am stärksten durch autoreferentielles Erzählen gekennzeichnet ist. Wenn der große Erzähler irgendwo über seine Arbeit nachgedacht und gesprochen hat, wenn er irgendwo die Tür zu seiner Werkstatt einen Spalt weit geöffnet hat, wenn er sich irgendwo mit sich und seinem Verhältnis zum Erzählstoff beschäftigt hat, dann hat er das in *Das Haus in der Einsamkeit* getan. Auch der unvollendete Roman *Omer-Pascha Latas*, das Buch, an dem er arbeitete, als ihn der Tod ereilte, ist Sarajevo gewidmet und spielt sich dort ab. Man könnte der Rolle und dem Bild Sarajevos in diesem Roman ein ganzes Buch widmen, so sehr ist das Erzählen durch die Stadt gekennzeichnet, und so sehr ist das Buch durch die Ambition, eine Stadt zu erzählen, gekennzeichnet.

Hier wie auch anderswo bei Andrić ist Sarajevo eine Stadt, in der die Menschen den Tod und sich selbst finden, eine Stadt, aus der sie fliehen, um sie dann überall dort, wo sie hinkommen, wiederzufinden, eine Stadt, die mit unerbittlicher und schmerzlicher Klarheit sagt und zeigt, daß der Mensch nicht vor sich selbst fliehen kann. In Sarajevo muß sich der Mensch erkennen, weil er ohne Unterlaß, wie in der Grundform der Narration, mit dem Anderen und Andersartigen konfrontiert ist, gezwungen zu einer Begegnung, die ihn in die Welt schickt, eingetaucht in soziales Unbehagen, das ihn zwingt, sich selbst zu erkennen. Man könnte auf die Idee kommen, Sarajevo sei eine Stadt, die entstanden sei, damit sie erzählt würde, damit die Narration irgendwo ein Heim fände.

Erklärt das die Faszination der Erzähler von Sarajevo? Über diese Stadt ist nämlich soviel brillante Prosa geschrieben worden, wie sie nicht über viele große Städte geschrieben worden ist, so daß man einfach eine Verbindung zwischen der Natur der Stadt, ihrem platonischen Wesen und der Literatur, die sie erzählt, annehmen muß. Viele unter diesen Erzählern sehen die Stadt natürlich ganz anders als Andrić und beleuchten sie aus anderen Perspektiven. Isak Samokovlija z. B., ein Erzähler, den viele für den wahren Erzähler Sarajevos halten, sieht Sarajevo nicht als Stadt des Durchgangs, nicht als Ort, an den man geht und von dem man fortgeht, noch weniger als Ort der (Selbst-)Erkenntnis und des Todes, und seine Mehrstimmigkeit scheint sich bei ihm von selbst zu verstehen, jedenfalls thematisiert er sie nicht. Sein Erzählen ist hauptsächlich den armen Juden in Bjelava gewidmet, wobei es sehr wichtig ist zu betonen, daß das Leben und das Schicksal dieser Armen wesentlich von der Stadt und ihrer Natur bestimmt sind. Ohne etwas von der Universalität des »Armenschicksals« und des »jüdischen Loses« zu verlieren, zeigt Samokovlijas thematisch auf ein kulturelles Segment der Sarajevoer Gesellschaft begrenztes Erzählen dennoch, wie es aussieht, gerade in Sarajevo ein armer Jude zu sein. Auf ganz andere Art wird Sarajevo von Meša Selimović gesehen und als Ambiente benützt; für ihn ist diese Stadt nur eine Bühne der Schicksale, die sich, genau so, irgendwo und irgendwann abspielen könnten.

Und so weiter und so weiter. Wie viele Erzähler (und es sind ihrer viele, wirklich viele), so viele Bilder von der Stadt, die sich ändert, wandelt, immer anders erlebt wird, abhängig von der Technik, der Perspektive und dem Weltempfinden des betreffenden Autors. Aber in allen Erzählbildern von Sarajevo bleiben zwei Dinge gleich – das irgendwo im Wesen der Stadt bewahrte Geheimnis und die Faszination von diesem Geheimnis.

Mein Sarajevo erzählen

Eine Stadt – das sind ihre Gebäude und Straßen, die Denkmäler, die auf den Plätzen stehen, und die Plätze selbst, ihre Museen und Hotels, Galerien und Lokale, Fahrzeuge des städtischen Verkehrs und Geschäfte, Parks und Stadien, Bahnhöfe und Restaurants. Es sind natürlich auch die Spuren der Zeit, die in der Stadt bewahrt sind, z. B. die an einzelnen Gebäuden und an den Sockeln von Denkmälern angebrachten Gedenktafeln, diese Denkmäler und das Ambiente, in das man sie gestellt hat, der Baustil, die Form der Straßen und Plätze, also alles, wodurch die Architektur über die Zeit spricht. Die Stadt ist nämlich auch ihrem Verhältnis zur Zeit nach das Ambiente, mit dem das Erzählen unverbrüchlich verbunden ist, weil eine Stadt wie ein Buch, d. h. wie das Erzählen, die Zeit in sich speichert, formt und bewahrt, und zwar die menschliche und die historische Zeit, jene Zeit, die mit ihrem »Dahinfließen« die menschlichen Spuren auf der Welt nicht ganz wegwischt. Und dadurch unterscheidet sich die Stadt grundsätzlich vom Dorf, das, wie Claude Lévi-Strauss sagt, ahistorisch ist.

Ahistorizität des Dorfs heißt vor allem, daß die »Dorfzeit« kreisförmig ist, weil die Welt des Dorfs die kosmische und natürliche Zeit zeigt, sie zeigt, welche Jahreszeit ist und welche Pflanzen gerade blühen, welche Tiere sich in dieser Periode paaren und wieviel Wasser im Bach zu erwarten ist, diese Welt »thematisiert« die Bewegung der Sterne und nicht die Bewegungen in der menschlichen Gesellschaft. Deshalb befindet sich das Dorf, metaphorisch gesprochen, sowohl in diesem Augenblick als auch in der Ewigkeit, und selbst vom Aufenthalt des Menschen in der Welt drückt das Dorf nur das aus, was wie die Morgen- und die Abenddämmerung immer gleich und gleichzeitig immer neu ist, wie das Gebären und Sterben, das Hinlegen und Aufstehen, die Liebe und die Müdigkeit. Die Stadt ist dagegen historisch, sie spricht vom Aufenthalt des Menschen in dieser Welt und nicht von der Bewegung der Sterne, die Stadt ist in gewisser Weise eine Revolte gegen die »natürliche Zeit«, weil die Stadt schon seit ihrer Entstehung auch nachts lebt beziehungsweise arbeitet. Daher ist die Stadt ein Ort der Historie, sie zeigt ihre Vergangenheit schon durch ihre Gebäude, Plätze, Straßen und Denkmäler, durch alles, was man sehen, berühren und zerstören kann, also durch ihren »äußeren Körper«, wie die Alten sagen würden.

Ich denke, die Literatur hat keinen Grund, sich mit diesen Dingen zu befassen, über den äußeren Körper einer Stadt kann auch ein Tourist alles erfahren, was wissenswert ist, darüber geben Reiseführer und die offizielle Historiographie hinreichend Auskunft. Die Literatur kann auch darüber schweigen, was die Alten, nehme ich an, »innerer Körper der Stadt« genannt hätten, zum Beispiel darüber, in welchem Lokal sich die Sportbegeisterten und in welchem sich die Intellektuellen versammeln oder darüber, wo vorwiegend Reiche, wo Arbeiter und Arme wohnen und wo die vor kurzem Zugezogenen. Eine soziologische Studie kann gut genug erklären, warum in einer Stadt Basketball populärer als Fußball ist und warum in einem Stadtviertel arme Alteingesessene wohnen und in einem anderen Staatsbedienstete oder Neureiche. Sowohl diese als auch die obengenannten Kenntnisse über eine Stadt setzt das Erzählen implizit voraus, aber es muß sie nicht vermitteln, und die Aspekte der Stadt, mit denen diese Kenntnisse verbunden sind, sind in der Regel nicht Gegenstand des

Erzählens, weil andere geistige Tätigkeiten sie genauso gut oder noch besser ausdrücken als die Literatur. Aber allein die Literatur und die unmittelbare Erfahrung können einem dabei helfen, das Unsichtbare, aber Wesentliche im Wesen einer Stadt zu erkennen, das Unwägbare und Unberührbare, das was »dazwischen« entsteht und existiert. Dieses »Dazwischen« ist jener Aspekt der Stadt, der nicht in den Gebäuden und dem übertragbaren Wissen über sie, in den Plätzen und Institutionen der Stadtverwaltung, im städtischen Wasserwerk, in den Bürgervereinigungen und Sportvereinen, die in einer Stadt existieren, im Netz der städtischen Straßen und Lokale enthalten ist, und genausowenig ist er in einzelnen Menschen, einzelnen sozialen Gruppen und auch nicht in allen sozialen Gruppen, die man erkennen und beschreiben kann, enthalten. Zwischen jenen Elementen des städtischen Wesens, die materiell verwirklicht oder zumindest eindeutig benannt werden können, also jenen Elementen, die materielle Tatsachen oder Institutionen als Produkt ihrer Wechselbeziehungen sind, entsteht das, was man als Geist der Stadt oder als ihre Identität bezeichnen kann.

Die Identität der Stadt ist wie jede andere fließend, sie besteht aus einem Lauf, der durch sich selbst eine Konstante herstellt. Vielleicht könnte man das mit der Metapher des Flusses illustrieren: es ist nicht möglich, zweimal in dasselbe Wasser zu steigen, und es ist nicht möglich zu erfassen und jemandem einen einzigen Grund dafür zu zeigen, daß das, was da fließt, gerade der und der Fluß, z. B. die Neretva, ist; und doch ist dieser Lauf auf jedem Meter gerade die Neretva, und das ist jedem klar, der diesen Fluß einmal gesehen hat. Das läßt sich nicht messen, mechanisch vollenden und schließen, das ist ein permanentes Entstehen, aber dieses Entstehen enthält eine Form (Konstante) in sich oder produziert sie durch sich selbst, die wiedererkennbar, unveränderlich, unersetzlich ist. Vielleicht ist diese Form (Konstante, Grundlage der Identität) im vorhinein gegeben, vielleicht ist sie die Seele, und vielleicht ist diese Seele der Reflex des Geistes, der bestimmt hat, daß der betreffende Körper genau diese Identität trägt. Die Alten haben geglaubt, daß die Dinge so stehen. Der Geist hat bestimmt, daß die Neretva ist, was sie ist, Sarajevo das, was es ist, und ich das, was ich bin, und dann spiegelte er sich, als wir entstanden, in jedem von uns wider, als Seele jedes dieser Wesen, im Einklang mit der Art, auf die jeder von uns existiert. Jetzt fließen wir und entstehen ständig aufs neue, wobei wir bleiben, was wir sind: es ist ständig ganz neues Wasser, aber all das Wasser ist doch die Neretva; ich bin der eine, wenn ich mich mit einem Studenten unterhalte, ein anderer bin ich, wenn ich eine schöne Frau bewundere, wieder ein anderer, wenn ich Tschechow lese oder in einem Restaurant Essen bestelle, und doch bin ich ständig ich; meine Identität wird in der Beziehung zu einem konkreten Gesprächspartner hergestellt, wird nach dem, woran ich mich wende, geformt, daher ist sie ständiges Entstehen, aber gleichzeitig ist sie Form meines Wesens, meine Konstante, weil derjenige, der sich mit einem Studenten unterhält oder eine schöne Frau bewundert, Tschechow liest oder in einem Restaurant etwas bestellt – all das doch ich bin. (Ich weiß, daß manche Menschen ein Gespräch über Geist und Seelen vermeiden, wahrscheinlich weil sie das an Geschichten über Gespenster erinnert, die sie nicht mögen. Aber sie könnten, glaube ich, mit dieser Vorstellung von Identität übereinstimmen, wenn sie den Geist und die Seele durch ein unermeßlich dichtes Netz von Beziehungen und Einflüssen, in das jedes

Wesen eingeflochten ist, ersetzen würden. Der Unterschied ist offensichtlich und rein metaphysisch: im ersten Fall wäre die Identität von vornherein gegeben, um nicht zu sagen: auferlegt, im anderen Fall würde sie entstehen.)

So verhält es sich auch mit der Stadt beziehungsweise mit ihrer Identität: Ein Sarajevo offenbart sich mir und ein völlig anderes einem guten Kenner der Architektur, ein Sarajevo ist das, in dem der Bäcker Mahir aus Kovači wohnt, und ein völlig anderes das, in dem mein Nachbar, der Rechtsanwalt Branko, wohnt. Und doch sind all diese verschiedenen Erlebnisse und all diese Bilder der Stadt, die sich manchmal bis zur Unvereinbarkeit unterscheiden – Sarajevo. Ein sensibler Fremder, der erst drei Tage da ist, und ein Einheimischer, der sein ganzes Leben in Sarajevo verbracht hat, ein wehmütiges Mädchen und ein alter Mann, der sich noch immer für Sport begeistert, sie alle und alle anderen, die in diese Stadt kommen, natürlich unter der Voraussetzung, daß sie sensibel genug sind, ahnen etwas von ihrer Identität. Aber wie das erzählen, was sie ahnen? Mit welcher literarischen Technik könnte man zumindest etwas von dem, was wir als Identität der Stadt bezeichnet haben, ausdrücken? Ich denke, den Entwurf einer solchen Poetik kann man bei Platon nachlesen.

* * *

ECHEKRATES: Welche aber waren denn gerade da, Phaidon?
PHAIDON: Eben dieser Apollodoros war von den Einheimischen zugegen und Kritobulos mit seinem Vater Kriton; dann noch Hermogenes und Epigenes und Aischines und Antisthenes. Auch Ktesipos, der Peanier, war da und Menexenos und einige andere von den Landsleuten; Platon aber, glaube ich, war krank.

ECHEKRATES: Waren auch Fremde zugegen?
PHAIDON: Ja, Simmias, der Thebaner, und Kebes und Phaidondes, und aus Megara Eukleides und Terpsion.
ECHEKRATES: Wie aber Aristippos und Kleombrotos, waren die da?
PHAIDON: Nein, es hieß, sie wären in Aigina.
ECHEKRATES: War noch sonst jemand gegenwärtig?
PHAIDON: Ich glaube, dies waren sie ziemlich alle.

(Übers. Friedrich Schleiermacher)

Dies hat Platon geschrieben. In seinem Dialog *Phaidon* sagt der Held des Textes, der Autor Platon sei an dem Tag, an dem das geschehen ist, worum es in dem Text geht (der Tod des Sokrates), krank gewesen. Unseren Zeitgenossen wird, nehme ich an, diese Erzähloperation im ersten Moment verwirren: der Autor nimmt dem eigenen Text die Glaubwürdigkeit, indem er gesteht, daß er kein Augenzeuge des Ereignisses, von dem er erzählt, gewesen ist. Aber gerade diese Verwirrung wird ihn, glaube ich, dazu veranlassen, sich zu fragen, inwieweit Phaidons Behauptung stimmt, d. h. an Platons Abwesenheit zu zweifeln, und das wird ihn dann dazu veranlassen, sich zu fragen, warum Platon das tut, und darüber nachzudenken, was dieses Erzählverfahren wirklich zu bedeuten hat, wie es mir passierte, als ich in dieser Passage von Platon eine der Grundlagen meiner Poetik erkannte, ausgesprochen mit einer Präzision und Klarheit, zu der ich nicht fähig gewesen wäre.

Zuerst war ich natürlich verwirrt: Wie konnte es geschehen, daß Platon nicht anwesend war, als sein großer Lehrer, der Held fast all seiner Schriften, der Mann, der sein Leben und sein Denken bestimmt hatte wie kein anderer, Gift trank und starb? Was für eine Krankheit konnte (mußte!) das gewesen sein? Was sagt es über Platon aus, daß er es versäumt hat, im Augenblick des Todes bei seinem Lehrer zu sein? Ich hatte schon ein Dutzend Bücher um mich herum aufgestapelt, in denen ich eine, irgendeine, Erklärung (um nicht zu sagen Rechtfertigung) für die Abwesenheit Platons zu finden hoffte, aber dann entdeckte ich nach nochmaligem Lesen der zitierten Stelle, daß ich auf dem falschen Weg war: Phaidons Äußerung soll nicht den wirklichen Stand der Dinge benennen, sondern die Natur des folgenden Textes bestimmen, deshalb ist es nicht die richtige Frage, ob Platon bei Sokrates im Gefängnis war oder nicht, die wirkliche Frage ist, warum er seinen Helden so explizit behaupten läßt, Platon sei nicht dagewesen. Man soll diese Stelle nicht biographisch oder historiographisch lesen, sondern poetisch, weil nicht darüber gesprochen wird, was in der wirklichen Welt geschehen ist, sondern die Art bestimmt wird, auf die im folgenden Text über das Ereignis gesprochen wird. Wenn er sagt, Platon sei nicht bei Sokrates gewesen, spricht Phaidon nicht als Zeuge, sondern als »Erzählfunktion«, als Instanz, die Platon zwischen sich und den Gegenstand, über den er erzählt, schiebt. Was also bedeutet die zitierte Äußerung Phaidons für die Form von Platons Text, auf welche Weise hat sie die Arbeit des Autors bestimmt, welche Wirkung hat sie auf das Verhältnis zum Material, welches sind, ganz kurz, ihre poetischen Folgen?

Das erste, wozu sich Platon mit dem erwähnten Verfahren offensichtlich verpflichtet hat, ist eine gewisse »Objektivierung der Emotion« beim Erzählen. Es ist logisch anzunehmen, daß er, wenn er als Augenzeuge über den Tod seines Lehrers gesprochen hätte, einfach sehr emotional hätte sprechen müssen, mit viel »Lärm und Wut«, und seinen persönlichen Gefühlen viel mehr Raum gegeben hätte als den Ereignissen, den anwesenden Menschen, dem Sinn des ganzen Geschehens. Seine Beziehung zu Sokrates, die mehrschichtige Bindung an den Lehrer, die Art, wie dieser verurteilt worden war und wie er endete, all das hätte Platon geradezu dazu verpflichtet, seiner Verbitterung, seiner Wut, seinem Schmerz im Text freien Lauf zu lassen, wenn er ihn in seinem Namen, als unmittelbarer Zeuge geschrieben hätte. Die Dinge stehen poetisch ganz anders, wenn Platon an diesem Tag krank war, weil im Text, so sehr Platon auch der Autor ist, nicht er spricht, so daß darin kein Platz für seine Emotionen ist. Da kann man beiläufig die Emotionen der Anwesenden erwähnen, man kann tun, was notwendig ist, um eine »ästhetische Emotion« in den Text einzubauen und beim Leser hervorzurufen, also eine hoch artikulierte »objektivierte Emotion«, die nicht auf das Handeln, sondern auf die Kontemplation gerichtet ist, die nicht bestrebt ist, zum Vorschein zu kommen, sondern sich in sich erschöpft und den Menschen, der fühlt, nicht aus sich herausführt, sondern veranlaßt, tiefer in sich einzutauchen; aber nach der Natur der Dinge muß Sokrates in den Mittelpunkt des Textes gestellt werden, mit allem, was er gesagt oder getan hat, was mit ihm und im Zusammenhang mit ihm geschehen ist.

Mit der zitierten Äußerung verpflichtete sich Platon auch dazu, unterschiedliche Sichtweisen auf das Erzählte in Betracht zu ziehen, auch wenn er nicht beabsichtigt, im Text mehrere Zeugen sprechen zu lassen. Wenn ein unmittelbarer Zeuge in einem Text spricht, ist klar, daß der Text eine Perspektive, eine Sichtweise, ein Erleben des Gesehenen und Erlebten zum Ausdruck bringt. Platon muß seinen Text, nachdem er sich mit Phaidons Äußerung für abwesend erklärt hat, indes als »Rekonstruktion« des Geschehens schreiben, wahrscheinlich auf der Basis einer Befragung aller oder wenigstens einer größeren Zahl von Zeugen. Darauf verweist auch die namentliche Aufzählung aller, die gesehen haben, wie Sokrates das Gift getrunken hat, und gehört haben, was er danach gesagt hat: im Dialog, den wir lesen, spricht zwar von allen allein Phaidon, aber geschrieben hat den Dialog Platon, der ja doch mit vielen, vielleicht sogar mit allen Anwesenden gesprochen haben muß, um mit der Stimme Phaidons die Worte des Sokrates so getreu zu wiederholen. Platon läßt Phaidon all das aussprechen, was er über die letzten Augenblicke des Sokrates erfahren hat, aber es ist so gut wie sicher, daß Platon die Dinge, die er erzählt, von vielen erfahren hat und daß er diese Erkenntnisse, daß er die Sicht derer, von denen er sie erfahren hat, in den Text eingewebt hat, den er Phaidon zugeschrieben hat. Ich glaube nicht, daß man diesen Grad an Objektivität und diese Treue bei der Übertragung der verschiedenen Stimmen erreichen kann, wenn man aus der Perspektive eines unmittelbaren Zeugen erzählt, der sagt, was er mit eigenen Augen gesehen, mit eigenen Ohren gehört, am eigenen Leib erfahren hat. Ein unmittelbarer Zeuge hätte sicherlich expressiver erzählt, seine Eindrücke wären lebendiger und seine Emotionen stärker gewesen, aber diesen Grad an Objektivität, diese hoch artikulierte Ruhe, ein solches Erzählen hätte er nicht erreichen können.

Die Entscheidung, daß Platon in dem Text, den Platon schreibt, »abwesend« ist, verpflichtet über alles Gesagte hinaus zu einer Art Noblesse, die mir, muß ich gestehen, viel bedeutet. Der lebendige Mensch hinterläßt seine Spur in der Welt, wie auch immer er sich benommen und was auch immer er getan hat, er kann die Spuren dessen, was er tut, nicht löschen, wie sehr er sich auch darum bemüht. Seine lebendige, unwiederholbare Person kann der Mensch nicht löschen, sie zeigt sich an der Art, wie er das Essen vom Teller nimmt, wie er kaut und sich die Lippen abwischt, darin, wie er auf der Straße geht und wie er sich in seinen Mantel hüllt. Wie sollte er dann erst die Spuren aus seiner Rede löschen, die in jedem Satz und jedem ausgesprochenen Wort schon wegen der Stimme und des Rhythmus des Satzes, der geistigen Bilder, die hinter jedem Wort stehen, und wegen des Tonfalls absolut unwiederholbar, einzigartig, restlos durch das Wesen des Sprechers gekennzeichnet ist?! Wie dann die Spuren aus dem löschen, was wir mit der Hand tun, die individuell und unwiederholbar wie die Stimme ist, aber noch stärker unsere ist als die Sprache, weil sie im Unterschied zur Sprache nicht zur Lüge fähig ist? Aus meinem Text kann weder Wasser noch die Zensur, weder ein Shampoo noch Chlorsäure meine Spuren löschen, weshalb dann über sich selbst im eigenen Namen und mit der eigenen Stimme schreiben?! Warum sich um das bemühen, was ich nicht vermeiden kann? Das kommt mir wie eine Tautologie vor, wie Honig zuckern oder, wie man es mit der antiken Figur sagen würde, Eulen nach Athen tragen.

Die »Abwesenheit« Platons in der Situation, von der Platon erzählt, bestimmt auch die Art, wie in seinem Text der Gegenstand des Erzählens gegenwärtig ist. Wie hat Sokrates den Tod aufgenommen? Wie hat er sich gefühlt? Was hat er getan? Womit hat er sich getröstet beziehungsweise wie und wodurch hat er sich geholfen, den Tod hinzunehmen und ruhig und heiter von dieser Welt zu gehen? Und wie läßt sich das erzählerisch darstellen?

Die einfache direkte Benennung ist eine der Möglichkeiten, die dem Erzähler zur Verfügung stehen: Das, wovon zu erzählen ist, nennt er schlicht bei seinem Namen und atmet zufrieden auf, wie ein Mensch, der rechtschaffen eine Arbeit erledigt hat. So kann man allerdings nur sprechen, wenn ein paar wesentliche Bedingungen erfüllt sind, zu denen als erste und wichtigste das starke Vertrauen des Erzählers (und wahrscheinlich seiner Leser) in die Sprache gehört. Vertrauen in die Sprache bedeutet das Gefühl, daß sich der Geist und die wirkliche Welt tatsächlich in der Sprache widerspiegeln, d. h., daß sie durch sie ausgedrückt sind; das ist nur möglich, wenn der Sprecher fühlt, daß das geistige Bild und die außersprachliche Wirklichkeit wahrhaftig durch das ausgesprochene oder geschriebene Wort evoziert werden. Vertrauen in die Sprache bedeutet außerdem die feste Überzeugung, d. h. das Gefühl, daß alle Sprecher einer Sprache unter einem Wort ungefähr das gleiche verstehen, also die Überzeugung, daß eine echte Kommunikation in der Sprache durchaus möglich ist. So kann ein unmittelbar am Geschehen Beteiligter, ein Mann der Aktion und von Welt, ein Prophet oder Erzpriester sprechen, so spricht kein Mensch, der sich ständig mißtrauisch von neuem vergewissert, ob er verstanden hat, was er zu sagen beabsichtigt, ob er den richtigen Ausdruck gefunden hat, für das, was er denkt, ob das, was er denkt, der außersprachlichen Wirklichkeit und dem Stand der Dinge, die zu erzählen sind, entspricht.

Etwas läßt sich beim Erzählen auch so darstellen, wie es der sogenannte allwissende Erzähler tut, durch die Kombination von Außen- und Innenperspektive, durch die Beschreibung der Gegenstände, des Ambientes und der Aktionen, die sich mit der Beschreibung der Emotionen, Gedanken, Dilemmata abwechselt. Diese Art der Darstellung und die Sprache, auf der sie basiert, kann das für das Erzählen unumgängliche Maß an innerer Wahrhaftigkeit allerdings nur dann erreichen, wenn man an das zuverlässige und unzweifelhafte Wissen sowie an unsere Fähigkeit, es zu erlangen, glaubt. (Vielleicht wäre es gut zu erwähnen, daß ich bei »innerer Wahrhaftigkeit« an die diskrete Anwesenheit des Wesens des Autors im Text denke, die sich nicht aus der persönlichen Rede löschen läßt. Im Text erkennt man immer das Verhältnis des Autors zu dem, was er sagt, und das Maß seiner Überzeugtheit von dem, was er ausdrückt. Schreiben kann man, ja muß man mit Wissen, Talent und dem ganzen Wesen, so daß aus dem Text vollkommen klar hervorgeht, inwieweit das Wesen des Autors im Geschriebenen enthalten ist; die »innere Wahrhaftigkeit« des Textes ist genau das Maß, in dem das authentische Wesen des Autors im Text enthalten ist.)

Platons Form des Erzählens, d. h. die Form, die von der Behauptung vorgegeben wird, der Autor habe nicht am Geschehen, von dem er erzählt, teilgenommen, verpflichtet zur Rekonstruktion des Gegenstandes aus seinen Reflexen in der Erinnerung und im Empfinden von Zeugen, in den Ereignissen, die darauf folgten, im Leben der Menschen, die mit dem Erzählgegenstand irgendwie verbunden sind, und in den Gegenständen, die in irgendeiner Beziehung zu ihnen stehen. Dieses Erzählen benennt und beschreibt seinen Gegenstand nicht direkt, es faßt seine Reflexe, Bilder und Echos zusammen, um dann aus ihnen und auf ihrer Grundlage seine wahrscheinliche Widerspiegelung zu rekonstruieren, unter deutlicher Betonung, daß das nur die getreueste Widerspiegelung des Gegenstandes ist, keineswegs der Gegenstand selbst und keineswegs seine einzige Widerspiegelung. Das ist die Erzählform, die dem skeptischen Erzähler entspricht, dem, der sich unserer Fähigkeit zu wissen nicht sicher ist, doch ziemlich sicher der Unzuverlässigkeit unseres Wissens, dem, der der Sprache nicht zu sehr glaubt, sich selbst und seinem Gesprächspartner aber noch weniger.

Ich konnte nicht umhin, diese poetischen Grundsätze als meine anzunehmen, nicht nur deshalb, weil sie ganz meinem Empfinden der Welt und meiner selbst entsprechen, sondern auch deshalb, weil sie offensichtlich wahr sind in unserer Zeit, in der nur noch Schurken so tun, als glaubten sie, wir könnten uns effektiv und einfach verständigen, und sie tun nur deshalb so, um uns leichter dazu zu überreden, unsere menschliche Kompliziertheit aufzugeben und zu versuchen, uns die mechanische Eindeutigkeit von Maschinen anzueignen.

Ich glaube, daß Gegenstand und Form des Erzählens einander determinieren, und beinahe sicher bin ich, daß beides eng mit der Art der Kommunikation verbunden ist, die mittels der Erzählung zwischen dem Erzähler und dem Leser abläuft. So ist, sagen wir, die Kommunikation, die durch skeptisches Erzählen erzeugt wird, dem Gespräch, der persönlichsten Form des Kommunizierens, sehr nahe. Der Leser wird zum Gesprächspartner, er ist kein Konsument und kann keiner sein, weil sich der Text des skeptischen Erzählers nicht an viele, schon gar nicht an alle wendet, sondern an einen konkreten Menschen in seiner unwiederholbaren Einzigartigkeit. Dieser Leser ist natürlich kreativ, für ihn ist der Text, den er liest, lediglich eine Replik im Gespräch, so daß er wie ein Gesprächspartner in einem lebendigen Gespräch die Bedeutung und den Sinn der einzelnen Sätze äußerst konkret erlebt, abhängig von der Situation, dem Tonfall, dem Rhythmus. Sowohl der Erzähler als auch sein Gesprächspartner, der Leser, artikulieren und bringen in diesem Typ der Kommunikation äußerst präzise ihre menschliche Einzigartigkeit zum Ausdruck. Ein Gespräch ist im übrigen nicht unter vielen möglich, sobald sich der Sprecher anstrengen muß, damit ihn alle Teilnehmer hören, handelt es sich nicht mehr um ein Gespräch, und das, was er sagt, wird zur Vorlesung, zum Predigen, Brüllen... Anstrengen oder Senken der Stimme unter eine bestimmte Grenze machen eine gute Artikulation unmöglich, doch nur eine gute Artikulation bewahrt alle individuellen Eigenschaften der Rede. Meine Muttersprache definiert das sehr präzise: das Nomen »Mensch« kann nur bis zur Zahl vier verwendet werden, schon ab der Zahl fünf muß man von »Leuten« sprechen. Will sagen, von fünf an aufwärts handelt es sich um ein Kollektiv, um eine Masse, um Publikum, Konsumenten, Anhänger, um eine Horde, wie Sie wollen, aber sicher nicht mehr um Individuen und Gesprächspartner. Ein Gespräch impliziert das, was den Gesprächspartnern gemeinsam ist, und auf der Grundlage dieses Gemeinsamen artikuliert es die Unterschiede, wobei es ihnen Bedeutung und Sinn verleiht; alle anderen Formen der Kommunikation, auf jeden Fall all jene Formen, in denen auf einer Seite mehr als vier Teilnehmer sind, reduzieren die Teilnehmer auf ihre Zugehörigkeit zu einem Kollektiv.

Das bringt mich auf einen weiteren Grundsatz meiner Poetik, den ich sozusagen von meiner Mutter geerbt habe. Wenn sie meinen Schwestern erklärte, wie man Hausputz macht, betonte sie stets, daß man die verborgenen Stellen im Zimmer, die Ecken, das, was hinter oder unter den einzelnen Möbelstücken, unter dem Teppich ist, gut saubermachen soll, aber den sichtbaren Teil, den sie Mitte des Zimmers nannte, könnten sie ruhig ungefegt lassen. Sie betonte, das Auge einer guten Hausfrau schaue dahin, wo man sonst nicht hinschaue und hinsehe, während man die Leute, die das in der Mitte des Zimmers anschauten, in Wirklichkeit nicht ernst zu nehmen brauche. »Du, dein Zimmer und die beste Hausfrau unter deinen Gästen, ihr drei müßt wissen, daß es in deinem Haus sauber ist, die anderen können ruhig denken, du seiest schlampig«, hörte ich unzählige Male, ausgesprochen mit der Stimme meiner Mutter. Übersetzt in mein Idiom, würde das heißen: die Leute, die mich auf meine Zugehörigkeiten reduzieren, die in mir nur das sehen, was ich mit vielen anderen gemeinsam habe, brauche ich nicht ernst zu nehmen, weil sie ohnehin nicht mit mir persönlich kommunizieren möchten; es ist sinnlos, solchen Leuten etwas zu erzählen oder ihnen ein Gespräch anzubieten, sie wollen beim Allgemeinen bleiben, bei einer Scheinkommunikation oder beim reinen Informationsaustausch, sie wenden sich als Fachleute oder als Angehörige einer Zunft, als Angehörige einer Nation oder Religion, als Fans eines Klubs oder als Anhänger einer Autorität an mich und erwarten dabei, daß ich ihnen als Angehöriger oder Anhänger antworte, ohne das geringste Interesse dafür, wodurch ich mich von den übrigen Anhängern oder Angehörigen unterscheide. An solche Leute richtet sich mein Erzählen nicht, es wendet sich an jene Menschen, die Gesprächspartner sein können, an die, die es verstehen, einsam zu sein und ihre Einsamkeit zu genießen. Freilich verbirgt dieses Erzählen auch vor ihnen etwas, es verbirgt die sauberen Stellen durch Mobiliar oder einen Teppich und zeigt nur die ungeputzte Mitte des Zimmers, immer damit rechnend, daß ein Mensch, der es versteht, einsam zu sein, einen Weg findet, diskret hinter die Kommode zu spähen. Es spielt also auch mit den Gesprächspartnern, den wahren Lesern, Verstecken, wobei es berücksichtigt, daß ein wenig Spiel nie übel ist, d. h., daß die Kunst nicht auf das Spiel verzichten kann.

* * *

Hat mir Sarajevo die Augen für die Poetik Platons geöffnet, oder hat mir die Beschäftigung mit dieser Poetik geholfen, meine Stadt wenigstens halbwegs zu verstehen? Diese Frage braucht natürlich nicht ganz ernst genommen zu werden, sie dient eher dazu, auf die enge Verbundenheit der oben beschriebenen Poetik mit der Struktur des »platonischen Wesens« der Stadt Sarajevo hinzuweisen, als dazu, etwas zu fragen. In bosnischen Witzen antwortet man im übrigen auf Fragen dieser Art, in dieser Form formuliert, immer mit einem »Ja«; so z. B. in meinem Lieblingswitz, in dem Mujo seinen Freund Suljo fragt: »Was meinst du, Suljo: Wächst und entwickelt sich das menschliche Wesen von außen nach innen oder von innen nach außen?«, und Suljo antwortet nach kurzem Nachdenken: »Ich denke schon«. Auf jeden Fall muß ich betonen, daß ich gar nicht erst versucht habe, mir meine Art zu arbeiten, also das, was man als meine Poetik bezeichnen könnte, bewußt zu machen, bevor ich versucht habe, das »innere Sarajevo« zu erzählen, also alles, was wir auszudrücken (zu rationalisieren?) versuchen, indem wir z. B. über die Atmosphäre einer Stadt, über ihren Sinn für Humor, über die Art, auf die man in einer Stadt altert oder jung ist, Fan eines Klubs ist und Kontakt zu unbekannten Menschen herstellt, sprechen.

An der »Sarajevoer Identität« faszinieren mich zwei Dinge am meisten: zum einen das, was man, ziemlich unpräzise, aber mit einem Wort oder Bild so genau wie möglich als Sarajevoer Humor bezeichnen könnte, zum anderen die Intensität, mit der sich die Geschichte in dieser Stadt offenbart, um nicht zu sagen, mit der sie auf diese arme Stadt niedergeht. Der Humor bestimmt in dem kulturellen Mikrosystem namens Sarajevo entscheidend sowohl das Verhältnis zur Welt als auch das Verhältnis zu sich selbst, so daß man die Stadt und ihren Humor als ein unzertrennliches Ganzes verstehen muß und kann. Am Beginn der europäischen Reflexion über den Humor, das Komische und Lächerliche stehen Platon und Aristoteles. Für Platon (*Philebos*, *Das Gastmahl*) ist das Lachen ein komplexes Phänomen, das Schmerz und Genuß mit sich bringt und auf Erkenntnis und Selbsterkenntnis gründet. Wir lachen über Fremde und diejenigen, die wir nicht mögen, weil wir ihre Unzulänglichkeiten und Fehler erkennen und natürlich auch das Mißverhältnis zwischen dem, was sie sind, und dem, was sie sein wollen oder sein sollten. Aber wir lachen auch über gute Freunde, sogar über uns selbst, weil wir das gleiche bei ihnen beziehungsweise uns erkennen. Gerade deshalb verknüpft das Lachen den Schmerz und den Genuß, es ist immer auch Selbsterkenntnis (im *Philebos* wird sogar der Ausspruch »Gnothi se auton« – »Erkenne dich selbst« zitiert, der über dem Eingang in den Tempel von Delphi stand). So ist die Komödie die literarische Form, die uns daran erinnert, daß wir besser, reicher, schöner und weiser sein könnten (müßten?, sollten?), als wir es sind, daß wir sozusagen wie Helden sein könnten. Daher sind die Komödie und die Tragödie nur Sichtweisen aus verschiedenen Perspektiven auf die gleiche Sache, und daher ist ein guter Tragödienschreiber imstande, auch gute Komödien zu verfassen. Für Aristoteles (*Nikomachische Ethik*, *Poetik*) sind die Dinge einfacher, denn er sieht sie (tut, als ob er sie sähe, weil es dann leichter ist, klar zu sprechen?) im »Reinzustand«: die Komödie ahmt Menschen nach, die schlechter sind als wir, und das Lachen ist unsere Reaktion auf einen Fehler, der keinen Schaden bringt und nicht weh tut.

Diese beiden Interpretationen des Komischen entsprechen hauptsächlich dem Stand der Dinge in der europäischen Kulturtradition. Dem Platonischen Begriff des Komischen entspräche der ursprüngliche Mimus, die Komödie des Aristophanes, die mittelalterliche Volkskultur mit ihren Utopien wie dem Schlaraffenland, das Drama oder die Prosa von Heinrich von Kleist und Tschechow. Diese Kette von Beispielen ist natürlich nicht vollständig, sie will diesen Typ von Komik lediglich illustrieren und zeigen, daß der Platonische Begriff des Lächerlichen die Komödie und die Tragödie nicht im »Reinzustand« kennt. Die Helden der Komödien von Aristophanes müssen die göttliche Welt verbessern, um gut in ihr leben zu können, und deshalb stellen sie diese Welt viel grundlegender in Frage, als es die Tragödie tut. Die Tragödie stellt die Welt eigentlich nicht in Frage, sie zeigt lediglich, daß eine konsequente Verwirklichung einer heroischen Moral in ihr nicht möglich ist. Mit ihren Reisen in den Himmel und in die Unterwelt zeigt die Komödie des Aristophanes im Gegenteil regelmäßig, wie sehr die Götter gepfuscht haben, als sie diese Welt erschaffen haben, und läßt ahnen, daß noch ein bißchen mehr Pfusch im Spiel war, als sie die Menschen erschaffen haben. In allen erwähnten Beispielen ist es ähnlich. Den Helden von Kleist z. B. gelingt es weder, sich selbst, noch das, was ihnen zustößt, zu verstehen, weil sich die Welt ohne Unterlaß verändert, und zwar grundlegend. Bis der Held verstanden hat, was ihm zugestoßen ist, oder sogar nur bis er das ausgesprochen hat, was er will, hat sich die Welt so sehr verändert, daß das, was er begriffen hat oder eben noch wollte, nicht mehr gilt.

Dem Aristotelischen Begriff des Komischen entspricht geradezu ideal die neue attische Komödie, so daß dieser Typ des Komischen damit ganz klar illustriert werden kann. Im Fundament der komischen Verwicklung liegt der Charakter des Titelhelden – zwei junge Menschen lieben sich, aber können nicht zusammensein, weil das der griesgrämige Vater nicht zuläßt (wie im *Menschenfeind* von Menander), der prahlerische Liebhaber des Mädchens (in Plautus' *Der Aufschneider*) oder eine andere Gestalt, die mit ihrer dominanten Eigenschaft der Komödie den Titel gibt. Mit der Hilfe geneigter Sklaven, die eine gute Intrige ersinnen und durchführen, kommen die jungen Menschen am Ende doch noch zusammen, und derjenige, der ihrem Glück im Wege gestanden hat, begreift alle Unzulänglichkeiten seines Charakters (bei Menander) oder wird ihretwegen wenigstens angemessen bestraft (bei Plautus). Gerade wie bei Aristoteles – er ist schlechter als wir, richtet keinen Schaden an und tut nicht weh, so daß wir auch ein wenig lachen können.

Der Sarajevoer Typ von Humor gehört sicher zu der Kategorie, die ich hier als platonisch bezeichnet habe – ein Beispiel genügt vollauf, um das zu zeigen. Sarajevo war in der Zeit von 1992-1995 unter Belagerung und wurde pausenlos aus allem, aus dem man schießen kann, beschossen. Das Alltagsleben in der Stadt ohne Wasser, Strom, fast ohne Medikamente und Lebensmittel, war unendlich kompliziert, aber wie gefährlich es war, geht deutlich daraus hervor, daß man immer, wenn man auf die Straße ging, und immer, wenn man zu Hause blieb, umkommen konnte, und jeder Einwohner der Stadt mußte sich jeden Morgen für eine der beiden Möglichkeiten entscheiden. In dieser Zeit entstanden tagtäglich Witze, die die gegebene Lebenslage thematisierten, die Menschen erzählten diese Witze und lachten darüber, verlangten, neue zu hören, und bemühten sich, ihre Erfahrungen für eine gute Anekdote nutzbar zu machen. Die Menschen lachten soviel wie unter normalen Bedingungen, vielleicht sogar mehr. Die professionellen (ideologischen?) Pessimisten werden sagen, das sei völlig normal: Die Menschen schaffen durch den Humor eine Distanz zur unerträglichen Welt und helfen sich so, diese Welt zu ertragen. Ich denke, das ist eine überzeugende und logische Bemerkung, die besonders im Zusammenhang mit einem zweiten Typ von Distanz richtig ist, die dieser Typ Humor schafft – mit der Distanz des Menschen, der über sich selbst lacht. Ein »anthropologischer Realist« würde das, nehme ich an, folgendermaßen ausdrücken: Ein anständiger Mensch schafft durch seinen Humor eine Distanz zu seinem unerträglichen Selbst und hilft sich damit, es zu ertragen. Der Unterschied zwischen anständigen und anderen Menschen liegt für den anthropologischen Realisten wahrscheinlich darin, daß erstere wissen und zugeben, wie unerträglich sie sind.

Bitte verstehen wir uns recht: Keiner der Menschen, mit denen ich zu dieser Zeit Umgang pflegte, kam auf die Idee, das Pathos seiner Situation zu verringern. Im Gegenteil, sie alle glaubten und betonten, daß im Schicksal des vollkommen unschuldigen Opfers, das sie ereilt hatte, etwas Erhabenes, beinahe Heiligenhaftes liege. Auf sie wurde geschossen, sie wurden ermordet, großen Leiden ausgesetzt, ohne daß ihnen jemand ihre Schuld erklärt oder wenigstens einen vernünftigen Grund genannt hätte. Und so jahrelang. Da entsteht unweigerlich das, was ich gern als Eitelkeit des Opfers bezeichnen möchte, eine Art Stolz auf seine Leidensfähigkeit, auf die Erkenntnis, die nur das Leiden mit sich bringen kann, auf seine Außergewöhnlichkeit. Wer so unschuldig soviel erleidet, ist mit etwas Tieferem oder Höherem konfrontiert worden als alles, was in den Bereich der normalen menschlichen Erfahrung fällt; denn meistens sind die Menschen mit ihresgleichen konfrontiert, sie erleben einander in ihrer menschlichen Welt, in der menschliche Gründe herrschen; aber diese hier durchleben ein ungeheures Leiden ohne jeden Grund, und allein Gott wirkt ohne Gründe, ohne Motive, ohne irgend etwas den Menschen Begreifliches. Wer soviel leidet, hat also etwas vom göttlichen Wesen erahnt, d.h. er hat das Recht zu glauben, er habe es erahnt, und das rechtfertigt, um die Wahrheit zu sagen, durchaus die Eitelkeit des Opfers, von der ich oben gesprochen habe. Aus dieser Eitelkeit, aus dem Gefühl der eigenen Außerordentlichkeit schöpften die Menschen, mit denen ich zu der Zeit Umgang pflegte, einen großen Teil der Kraft, die unentbehrlich war, um ihr Leben zu ertragen. Gleichzeitig erzählten sie Witze auf eigene Kosten, Witze, die sie selbst als lächerlich darstellten, ihre schmerzlichen Erfahrungen erzählten sie in Form von Anekdoten, die einen zum Lachen bringen sollten, sie lachten über sich und die anderen, soviel sie nur konnten!

Wie ist das zu verstehen? Einfach – indem man Sarajevo kennenlernt, beziehungsweise den Typ von Humor, den ich platonisch genannt habe und der für diese Stadt charakteristisch ist. Es ist, hoffe ich, klar, daß ich mit alldem nicht sagen wollte, in Sarajevo gebe es keine Menschen ohne Sinn für Humor, ich wollte nicht einmal sagen, diejenigen, die keine Anekdoten erzählen und keine Witze hören können, seien nicht in der Mehrheit, und ich bin fast sicher, daß diejenigen, die nicht fähig sind, auf eigene Kosten zu lachen, in der Mehrheit sind; ich spreche von dem, was den wesentlichen Inhalt »der Seele der Stadt«, ihrer Identität ausmacht, und das kann man nicht sehen, betasten, auswiegen, das kann nicht einmal die Statistik, als einzige metaphysische Disziplin, die uns zur Verfügung steht, messen. Weil man in Sarajevo auf die Wirklichkeit nicht nur dann mit Humor reagierte, als es schwer war, sondern auch, als man gut lebte und die ganze Stadt in reiner Euphorie schwebte, z. B. als der Basketballklub »Bosna« den Europapokal gewann – soviel Euphorie und Stolz hätte man wahrscheinlich ohne spöttische Kommentare und Lachen auf eigene Kosten nicht ertragen können.

Der Sarajevoer Typ von Humor hat meine Version der Geschichte von einem fluchbeladenen Liebespaar, die die Grundlage des Romans *Scharijahrs Ring* bildet, entscheidend bestimmt. Die Geschichte beginnt in mythischer Zeit, also mit der Entstehung der Welt, als sich von Gott Enki sein weiblicher Teil (das weibliche Prinzip?) Nintu trennt, nach dem er sich sehnt und den er begehrt, mit dem er ständig zusammentrifft und -stößt, sich mit ihm aber nicht so absolut verbinden kann, wie er es sich wünscht, also vollkommen, wie es eines Gottes würdig wäre. Von damals bis heute verlangen und sehnen sich zwei fluchbeladene Liebende (vielleicht Hypostasen von Enki und Nintu; vielleicht ein irdischer Reflex ihrer Beziehung) nach einander, begegnen und lieben sich, um durch eigenes Verschulden auseinanderzugehen, wenn sich ihre Liebe der vollkommenen Verwirklichung nähert. Mein Roman endet in Sarajevo, wobei er andeutet, daß seine Geschichte weitergehen wird: der Held ist außerhalb des belagerten Sarajevo und sucht einen Ort, an dem er sterben könnte, seine Liebste ist in der Stadt und begreift, daß sie mit seiner Stimme sprechen, aus seiner Perspektive erzählen, seine Emotionen fühlen kann; sie versteht, daß jene wahrhaftige Verbindung in diesem Sarajevo vielleicht sogar möglich wäre, aber er ist weit weg, weil gerade sie ihn kurz vor Beginn der Belagerung gebeten hat, fortzugehen.

Die Belagerung Sarajevos zwang mich, jene andere Tatsache der »Sarajevoer Identität«, die mich fasziniert, nämlich die Intensität, mit der sich die Geschichte in dieser Stadt offenbart, wirklich zu verstehen, also nicht als Information aufzunehmen, sondern erfahrungsmäßig zu begreifen – mit dem Körper, den Emotionen und dem Geist. Das versuchte ich in dem Buch *Berichte aus der dunklen Welt* zu erzählen. Lange nachdem ich dieses Buch beendet hatte, eigentlich während ich an diesen Bekenntnissen arbeitete, bemerkte ich eine poetische Ähnlichkeit zwischen meinen beiden Versuchen, einen Teil Sarajevos zu erzählen. Sowohl im Roman *Scharijahrs Ring* als auch im Buch *Berichte aus der dunklen Welt* kommen nämlich hauptsächlich die zu Wort, die sich schon außerhalb von Sarajevo befinden, und diejenigen, die im Buch reden und sich in ihrer Stadt aufhalten – sprechen hauptsächlich von einem erinnerten Sarajevo, von dem, an das sie sich erinnern oder an das sie sich zu erinnern glauben. Mit anderen Worten, beide Bücher bemühen sich, die Stadt mittelbar zu erzählen, wenn ich so sagen darf, indem sie ihre Widerscheine im Geist der Menschen, die bereits außerhalb sind, »erfassen«, indem sie ihre Reflexe ausdrücken, indem sie ihre Widerspiegelungen in der Zeit, im menschlichen und historischen Gedächtnis, in den Geschichten und Schicksalen beschreiben.

Hier könnte zu Recht jemand einwenden, ich hätte in diesen Büchern, wenn meine Überlegungen über sie wahr sind, nicht die Stadt ausdrücken können, sondern nur ihren Schatten. Ich glaube, dieser Einwand wäre begründet, denn die wirkliche, lebendige Stadt habe ich gar nicht auszudrücken versucht – die Stadt ist wirklich, und deshalb ist in ihr alles mit allem verbunden, so wie alles in ihr wenigstens mit etwas außerhalb von ihr verbunden ist, so daß sich das schlicht nicht erzählen läßt. Da sie aber lebendig ist, bewegt sie sich gleichzeitig in alle Richtungen, fließt, entsteht und verändert sich ständig. Auch das läßt sich nicht erzählen, weil es keine Form hat, es erzeugt die Form, die ihre Widerspiegelung, die ihr Schatten ist. Wenn ich mit meinem Erzählen diesen Schatten »erfaßt« und zumindest eine dunkle Ahnung von ihm herübergebracht habe, habe ich mehr getan, als ich zu hoffen wagte.

Absichtserklärung

Texte dieser Art kann man nicht beenden, es sei denn, so wie man, sagen wir, in Tagebuchform geschriebene Romane beendet, nämlich mit dem Tod des Protagonisten oder einem Kunstgriff wie der Bemerkung, der Herausgeber habe keine weiteren Hefte mit »Tagebuchaufzeichnungen dieses ungewöhnlichen Mannes« gefunden. Ich bin durchaus davon überzeugt, daß man einige Chronotopos-Typen relativ präzise definieren kann, sagen wir, fünf bis sieben, mit denen man einen gewaltigen Teil der Literatur umfassen würde, eigentlich die gesamte Literatur, die die Raumzeit in reinen Modellen erlebt und gestaltet. Im Zusammenhang damit bin ich ferner davon überzeugt, daß eine akademische Abhandlung, die die einzelnen Chronotopos-Typen definieren und Beispiele liefern würde, indem sie als Beispiele gerade jene Werke anführte, die die Raumzeit im Einklang mit den definierten Modellen gestalten, eine solche Abhandlung könnte, sage ich, relativ einfach und gut beendet werden, z. B. mit der Bemerkung, daß die vorgeschlagene Liste der Chronotopos-Typen vielleicht nicht komplett, aber ziemlich erschöpfend und auf jeden Fall brauchbar sei.

Ich denke, der deutsche Philosoph Wilhelm Windelband hat alle lebendige Existenz im Spannungsfeld von Nomothetischem und Idiographischem angesiedelt: Alles, was lebt, ist einzigartig, unwiederholbar und von allem anderen verschieden, aber gleichzeitig offenbart und bestätigt sich in allem, was lebt, jenes Gesetzmäßige, Wiederholbare, jenes, wonach jedes Lebewesen einer Art angehört. Ich glaube, daß das für

Lebewesen gilt, fast sicher bin ich, daß es für gute Literatur gilt. In jedem guten literarischen Werk offenbart und bestätigt sich jenes Gemeinsame, Gesetzmäßige, Nomothetische, wie Windelband sagen würde – nicht nur die immanente Grammatik der Sprache, in der das Werk geschrieben ist, nicht nur ein Erzähl- bzw. Darstellungsmodell, sondern auch eine Erfahrung, die gemeinsam, also gesetzmäßig ist, wenn nicht allen Menschen, so doch auf jeden Fall einer menschlichen Gemeinschaft, ein existentielles Weltempfinden und -erleben, das vielen eigen sein könnte. Aber ein gutes literarisches Werk enthüllt (enthält?) eine Stimme, den unwiederholbaren Rhythmus der Rede eines Menschen, eine absolut individuelle Erfahrung, ein unwiederholbares existentielles Empfinden, also das des idiographisch-menschlichen Wesens.

Die akademische Studie, die ich eben erwähnt habe, könnte man als Text relativ einfach beenden, aber sie bliebe ihrem Gegenstand unendlich viel schuldig. Sie würde nämlich nur das Nomothetische, das Typische, Gesetzmäßige, Gemeinsame im literarischen Erleben und Gestalten der Raumzeit zeigen. Fast alle großen literarischen Werke weichen indes von den Modellen, Regeln, Gesetzen ab, sie übertragen die Stimme eines Menschen und nicht seine grammatisch korrekten verbalen Äußerungen. Ich habe oben, am Anfang, gesagt, daß uns das Empfinden der Raumzeit angeboren sei wie die Fähigkeit, die Muttersprache zu sprechen, und daß dieses Empfinden individuell sei wie die Stimme. Jedes gute literarische Werk gehört also hinsichtlich der Struktur der Raumzeit, auf die sie sich gründet, einem Chronotopos-Typ an, setzt weitgehend das Modell um, aber gleichzeitig weicht es davon ab, verändert es, fügt ihm das Idiographische hinzu.

Deshalb müßte diese Arbeit, wenn sie ihrem Gegenstand nicht viel schuldig bleiben will, zuerst einen Chronotopos-Typ definieren und ihn an einem weniger »idiographisch betonten« Werk illustrieren und dann alle großen Ausnahmen aufzählen und analysieren, d. h. alle Werke, die dieses Modell im Grunde respektieren, aber mehr oder weniger davon abweichen. Und das sind dann praktisch alle großen Werke, weil das Erleben der Raumzeit unverbrüchlich mit unserer unhintergehbaren Erfahrung verbunden ist.

Hier bleiben, sagen wir, Aristophanes, Büchner und Tschechow unerwähnt, drei große Dramatiker, die bei der Gestaltung der Raumzeit offensichtlich Gemeinsamkeiten haben, genügend Gemeinsamkeiten, um auf den Gedanken zu kommen, daß sie einen Chronotopos-Typ bauen. Alle drei gründen, sagen wir, die Dramaturgie auf die klar differenzierten und stark markierten (emotiv, semantisch, funktional markierten) Raumsegmente – innen / außen, oben / unten, öffentlich / privat, offen / geschlossen, leer / gefüllt usw. Alle drei bringen in das Drama die verschiedensten Typen und das unterschiedlichste Empfinden von Zeit ein – das mechanische und biologische, innere und äußere, das vergangene, gegenwärtige und künftige, das heilige und profane, das historische (öffentliche, meßbare, kollektive) und das persönliche ... Alle drei charakterisiert, daß sie beim Dramenaufbau großen Wert auf das biologische Alter der einzelnen Gestalten legen, was in der Dramenpraxis nicht gerade oft vorkommt. Aber dabei sind sie so unterschiedlich, daß ich es nicht wage, ein Gespräch über sie zu beginnen. Unerwähnt bleibt Flaubert, der in seinem Opus drei verschiedene Chronotopos-Typen anbietet, unerwähnt bleibt E. T. A. Hoffmann und seine »Differenzierung der Angst« mit Hilfe der Differenzierung des

Raums, unerwähnt bleibt *Tausendundeine Nacht* sowie der moderne syrische Erzähler Abdassalam Udscheili, der die Zeit als Mittel zur Gestaltung von Erzählungen meisterhaft zu nutzen weiß, unerwähnt... Jeder von ihnen läßt sich zweifellos einem der fünf, sechs grundlegenden Chronotopos-Typen zuordnen, aber jeder von ihnen ist das, was er ist, wegen seines Abweichens von allem Typischen. Wie ich gesagt habe, kann man eine solche Arbeit nicht beenden, ohne die überaus große Schuld gegenüber dem Gegenstand anzunehmen.

Das heißt, man kann sie beenden wie einen in Tagebuchform geschriebenen Roman, auf eine der zwei vorgeschlagenen Arten. Die erste vorgeschlagene Art, nämlich der Tod des Haupthelden, gefällt mir nicht besonders, weil es sich bei dieser Arbeit in gewisser Weise auch um mich handelt, deshalb nehme ich Zuflucht zum zweiten möglichen Schluß. Aber da diese Arbeit nicht in Tagebuchform geschrieben ist, kann ich nicht sagen, ich hätte »nicht mehr Aufzeichnungen dieses sonderbaren Mannes« gefunden, sondern muß zu einem anderen rein technischen Mittel greifen. Ich kann, sagen wir, den geheimen Grund preisgeben, der mich veranlaßt hat, die vorangehenden Zeilen zu verfassen.

Etwas zu erzählen oder ein Drama zu schreiben bedeutet, Zeit und Raum zu gestalten, d.h. ein Erleben, ein Bild der Raumzeit auszudrücken. Aber Zeit und Raum sind nicht von dieser Welt, ihre Bilder, d.h. die unverbrüchliche Verbundenheit unserer Existenz, unseres Empfindens und Denkens mit ihnen, sind uns eingepflanzt, sind Teil unseres Wesens geworden, noch vor der Geburt. Deshalb spielt sich jede Gestaltung, jede denkbare Strukturierung der Raumzeit in gewisser Weise im Bund mit dem Jenseits ab, mit jener Welt, aus der ein bestimmtes Erleben dieser apriorischen Formen der Perzeption in uns hineingetragen worden ist. Will sagen, daß ich nicht weiß, ob Zeit und Raum »Sensoren des lieben Gottes« sind, wie Newton geahnt hat, aber ich weiß, daß die Literatur, d. h. das Erzählen und das Drama, etwas mit Metaphysik zu tun hat, auch dann, wenn sie sich betont bemüht, anti-metaphysisch zu sein.

Dank

Der Text »Die Schatten des Jenseitigen« hat in der vorliegenden Form nur entstehen können, weil ich im Jahr 2007/2008 die Gelegenheit hatte, im Wissenschaftskolleg zu Berlin daran zu arbeiten.

Inhalt

I Die Schatten des Jenseitigen

Zeit und Raum 9
Zeit, Raum und Literatur 21
Die Verbundenheit von Zeit und Raum.
   Der Begriff des Chronotopos 25
Der mechanische Chronotopos 31
   Postscriptum 51
Der bukolische Chronotopos 56
   Eine Ausnahme 66
Der analytische Chronotopos 72
Der rituelle Chronotopos 87
   Eine Ausnahme 101

II Die erzählte Stadt

Das Erzählen und die Stadt 119
Sarajevo erzählen 131
Mein Sarajevo erzählen 145

Absichtserklärung 169

Dank 174